(若い)先生たちへの応援BOOK

38年間の
中学校国語科教師生活のエキスを、
定年退職後、煮詰めてみました。
本文コピー(複写)ＯＫ。
アレンジしたり、
反面教師にしても構いません。

釈迦に説法シリーズ
No.1～9

芹沢マリリン
Serizawa Marilyn

風詠社

社会情勢の変化に伴って、オンライン授業になったり、9月始業になったり、スキルは変わっていくことがあるかもしれませんが、先生方のPassionは普遍的であると思います。子どもたち、生徒たちのために、日々、真摯に取り組んでおられる先生方を心から応援しています。

はじめに

あの（ってどれくらいの人が知ってくれているかな？）**『おばさんの海外旅行「あるある!?」エピソード集～ハプニングこそ醍醐味～』**（風詠社から絶賛発売中！）の芹沢《せりざわ》マリリンが、教育実践マニュアルを出すとは…。その意外性が実は狙い目（笑）。いやいや、本来はそれが本職なのであります。

前述のチャラけた（自分で言うか）エッセイも確かに私、そして、至極真面目なこの教育実践マニュアルを書くのもまた芹沢マリリン本人なのであります。人間は様々な面があってこそ、自らの精神のバランスを保てるもの。表裏（おもてうら）、二重人格大いに良し！もちろん他人《ひと》に危害を加えたり人権を侵害しては犯罪になりますが、様々な面を持つことは現代社会を生き抜く上で、あのガリバーを引っ張ったロープのように（わかりにくいか）、地にしっかり立つためのバランス牽引作用があると私は思うのです。

しかし、先生方は本当に真面目！「教師こそ天職！」と、全身全霊を懸けてしまう人が本当に多いのです。先生という仕事は（どんな仕事でもそうだろうと思いますが、学生時代のアルバイト以外、私はこの仕事しか知らないので）、本当に神経がすり減る仕事で、寝ても覚めても、帰宅しても、遊びに行っても、生徒のこと授業のことが頭から離れないものです（私は夢の中で授業を一通りやってしまったことが何度もあります）。また、「これだけやれば終わり」という区切りがありません。「働き方改革」が叫ばれている昨今ですが、毎日夜遅くまで（日が変わる場合も）、朝も早朝から、土日はもちろん出勤で…と、際限なく続くのが教師の仕事です。実際そうやってがんばっておられる先生方をたくさん知っています。そんな日常の中で、体調を崩したり、元気をなくしてしまっては、そのほうがよほど生徒や同僚に迷惑をかけてしまいます。真面目な人ほど、うまくいかなかったとき（そんなことは人生の中でいっぱいある）に自分を責めて自爆してしまう危険性があるのではないかと思うのです。

　だからこそ、私は言いたい！　先生たち、特に若い先生たち、仕事ばかりで1日を過ごさないで。仕事ばかりで1年を過ごさないで。ＯＮとＯＦＦは絶対必要。スイッチを切り替えて生活してください。教材研究や部活指導以外の趣味を持ってください。自分の心と身体を何よりも大切にしてほしいと、教師生活を38年と4ヶ月やってきて、私は心からそう思います。

　ところが、私自身が15年前までだったら絶対こう反論します。「どこにそんな時間があるの？　仕事で毎日くたくたになって休みも取れないのに、趣味の時間なんか絶対持てないわ！」「自分が納得するまで仕事をしていたら1日30時間でも足りない！」…と。

　そこで登場するのが「釈迦に説法シリーズ」なのであります。いかんせん教師というのはプライドの高い職業で、人に教えるくせに人から教えられるのを良しとしないきらいがあります。だからこのタイトルにすれば、険がなく何でも言えるかなと思って名付けました（笑）。少しでも忙しい先生方に時間の余裕を持ってもらえたらという一念で、教師生活38年間のテクを開示させていただきます。参考にしてもらったり、コピーやアレンジをして使ってもらったら嬉しいですが、逆に反面教師にしてもらってもいっこうに構いません。ただし、世に出回っているような理論集や指導案集、プリント集ではありませんのであしからず。Ｈｏｗ　ｔｏものではなく、あくまでも定年まで教師を続けた1人のおばさん（第1作のタイトルの関係でついついこう言ってしまいますが、正しくは女性教師）の、38年と4ヶ月の教師経験から、好き放題述べたエッセイと思って読み進めていただけたら幸いです。

私がこの本を出そうと思った要因の1つに、令和元年に吹き荒れた教師間のいじめ問題があります。いじめを指導するはずの、どこまでもいじめられた生徒を励まし守り救う行動をするはずの教師が、集団で他の教師をいじめる、そんな報道がその年の夏以降さんざんマスコミで取り上げられました。ネットではそれ以外の教師間いじめのニュースもたくさん呟かれました。ニュース番組で動画が流れたような、わかりやすいいじめではなく、学年の中でその人にだけ決まったことを教えないとか、きつい仕事を無理やり押しつけるとか、他の人への態度と明らかに異なるぞんざいな受け答えをするとか（子どもか！いや、それは子どもに失礼だ！）、見えにくく発覚しにくいいじめがあるという学校のことを知っています。そのことで病気になったり出勤することができなくなって、心身ともに追い詰められていく被害者とは反対に、加害者は平気で勤務を続けている、その神経を疑います。

その後、命を守る現場で命を守る立場の救急隊員間（消防署員）のいじめや、市民のために働く良識のある人として選挙で認められたはずの市議会議員間のいじめの報道までありました。いじめられた側が勇気を持って告発できるようになったこと、社会で問題視されるようになったことは、遅きに失したとは思いながら評価できることではあります。しかし、世間は少なからず「教師のくせになにやってんだ！」「自分がいじめをやっててどうやって生徒たちのいじめをなくしていけるんだ！」…という、それこそ真っ当な当たり前の見識を持たざるを得なかったはずです。もちろんそうなるのは必然、ぐぅの音も出ませんが、でも、私は言いたい！　そんなくだらない教師は一部だと。ほとんどの先生たちは、本当に身を粉にして働いているんだと。

　最近、教師になりたい若者が、かなり少なくなってきています。ブラック企業のように呼ばれる仕事のしんどさに加え、同僚の間でこのような人権侵害のある職場には、行きたくないのが本音でしょう。でも再度私は言いたい！　そんな職場は一部です。私の知っている学校では、先生方は本当に一生懸命協力し合ってがんばっています。

　私は大学3年の時に教師になりたいという希望を持ちました。それまでは、出版社に勤めたいという希望もあったのですが（ａｎａｎ、ｎｏｎｎｏが創刊された頃です。ご存じ？）、教育実習に行く準備を始めた頃から、教師が絶対になりたい職業になりました。ある日突然、雷が落ちるように決めたわけではありません。教育実習での経験から、実際に現場に立った感動とともに思わず決意したわけでもありません。大学生活4年間の中で、キャンパスという狭い空間だけでなく、広く社会に視野を広げる機会を持ったことで「教師になりたい」という思いが形作られてきたように思います。私が学級活動の進路学習のプロローグにいつも話してきた「なぜ私が先生になったか」の体験談は、次の4点に集約されます。

①教師という仕事が、人間相手の職業だから。
②教師という仕事が、大学で学んだことが活かせるアカデミックな職業だから。
③教師という仕事には、給料その他の待遇に男女差別がないから。
④教師という仕事は、結婚しても子どもを持っても続けていける職業だから。

これらを逆にしたような職業には就きたくないと思ったからです。この希望を叶えるためにはどんな苦労も厭わないと22歳の私は決心し、それが38年と4ヶ月の教師生活のスタートになりました。

若い学生のみなさん、教師という職業は素晴らしいです。是非、教師を目指してください。多くの先輩方は良いお手本になるし、多くの学校は職場としてベストです。毎日大変ですが、その分喜びも大きいと私は思います。生徒から教えられること、保護者から教えられることは、あなたを人間的に成長させてくれます（ここでは詳しくは述べませんが、「上から目線」は言語道断です）。職場の先輩方は、自分の失敗談も含めて、実体験から導き出された生きたアドバイスをしてくれます。

教師を目指す人が増えること、それは量から質へ転化する弁証法でも証明されているように、教師のレベルを上げます。教師のレベルの向上は教育活動の向上に、そして生徒のレベルの向上に繋がります。大きな目標で言えば、次代を担う子どもたちや生徒たちが社会に出たときに、必ずぶち当たる数々の問題や課題に立ち向かっていける理論とスキルを身につけさせること、それが教師の究極の目標だと私は思っています。この本を書くことで、ほんの少しでもそのお手伝いができたとしたら、私の38年と4ヶ月の教員生活に、新しい意味を見つけることができます。そのことが、これから教師を目指す人、現場で日々一生懸命がんばっておられる同僚の方々の心の余裕に繋がるなら、こんなに嬉しいことはありません。

目　次

第1章

学級担任の仕事は、数年後、担任の名前を忘れさせること

私は、38年と4ヶ月の教師生活の中でほとんどを学級担任として過ごしました。2人の子どもの産前休暇と育児休暇の2年4ヶ月と定年前の2年4ヶ月以外はほとんど全て学級担任をしていましたから、33クラス以上を担任したことになります。

昔話をここでするつもりはありませんが、本当に多くの生徒たちや保護者の方々と関わってきました。その中で大切にしてきたこと、それは「適切な距離感を持つこと」です。近すぎず、遠すぎず、その塩梅《あんばい》はなかなかに難しいものですが、距離感が大切だとわかって接していると自ずと身についてくるものです。ただ、できれば早く知っておいたほうがいいと思うことでもあります。

押しつけない（自分の考えを強要しない）、べたべたしない（同次元まで降りて全てを肯定し、自分だけがわかっている体《てい》になって自己満足しない）、そのクールさが絶対に必要。近すぎるとその生徒や保護者にのめり込みすぎて客観性と冷静さを失ってしまいそうになる危険性があります。真面目で優しい担任はそうなりがちかもしれません。子どもたちにとって担任の先生は、保護者の次に近しい大人という存在ですから、社会の大人の代表という大きな使命も持っています。視野が狭くなると正しい判断ができなくなります。どこかで一歩引いて、もしくは俯瞰《ふかん》で（単なる「上から目線」ではなく）生徒の状況を見る姿勢が大切だと思うのです。

生徒は往々にして「親には黙っていて」と言い、秘密にしてくれる先生がいいというフリをすることがあります（なぜフリと言ったのか、先生方はわかりますね）。しかし、それが身体や命や犯罪に関わるようなことの場合は、生徒に嫌われることを覚悟で、同僚の教師や保護者に告発し、援助を頼むことが大切です。躊躇している場合ではありません。生徒はやがて大人になったときに、きっとわかってくれます。

言わなければ、そのまともな大人になる機会をも奪ってしまうことになるのです。勇気を出して「あなたに嫌われてもいい。先生は心配なんだ！」と正面から対決してください。嫌われてください。生徒がそれで助かるなら、どうってことありません。

保護者に対しては、若い先生方は保護者が自分より年上の場合が多いですから、モンスターでなくても気を遣いますね。また、自分より年下になると、まるで生徒に対するように丁寧にアドバイスや励ましをしなければならない場合も起こってくるかもしれません。保護者だって（自分も含めて）自信満々で子育てしている人なんて少ないでしょう。反抗期真っ只中の（決めつけは良くないですが）中学生の保護者は、迷いながら悩みながら子育てしているはずです。担任と違って、その関係が1年間でチェンジするわけではありませんから、愛情の深さでも比べものにならないというスタンスを自覚すべきです。保護者と面談するときは、決して保護者の親としての面子《めんつ》を潰さないよう注意し、自信と心のゆとりを取り戻せるような対応をする必要があります。それが、そのまま子どもへの優しさ（単なる優しさのことではありません）に繋がっていくと思うからです。

しかし、虐待の兆しはその範疇ではありません。そのことだけには敏感に、たとえ保護者に怒鳴られるようなことになっても、悪者になっても、子どもを守らなければなりません。躊躇するタイムラグは厳禁です。

ＴＶ番組では、熱血教師（最近は少なくなりましたが）という言葉がもてはやされた時代がありました。私も例にもれず、若い頃はそれを目指したことがありました。しかし、そこにはどうしても教師が中心の図が浮かんでくるのです。教育現場のドラマは、教師が、担任が、ヒーローでもヒロインでもダメです。あくまでも生徒が中心でなくてはならないし、その方向に意識的に教育実践のベクトルを持っていくことが大切です。そして、そのほうが何倍も難しく手がかかるものなのです。計画的に見通す力と下準備の的確さ、リーダー指導のノウハウが必要です。各校にはそういうエキスパートの先輩がおられますから、しっかり学んで自分流にアレンジしてください。熱血教師はもう古いのです。

私にとっては、卒業した生徒たちが「中学校では、合唱コンクールも体育大会も自分たちの力でやりきったし、勉強もみんなで励まし合ってがんばったから、すごく楽しかった！ところで、担任って誰だったっけ？」と言っているのが理想の姿です。そこまでできたら本当に満足です。それがどんなに難しいことかを充分わかっているからです。そういう指導を受けて、いずれ社会に出た生徒たちは、中学時代に学んだ課題解決のスキルを応用し、さらに発展させて、自分の力で解決していくことでしょう。また、指導の中で必ず「1人では何もできない。仲間と力を合わせることが大切」という経験をさせるはずなので、将来どうやって仲間とコミュニケーションを取り、手を繋いで力を大きくしていくかを身をもって学ぶことになります。それらが、いわゆる「生きる力」であると私は思うのです。「自分たちの力でやった」という成就感は、この厳しい社会の荒波を乗り越えるための大きなエネルギーになると確信しています。

さて、タイトルにもありました「釈迦に説法シリーズ」に入りたいと思います。次のことを知っておれば準備の時間を少しは短縮できるのではないかと思います。ただし、学校環境や年間計画は多種多様。以下のシリーズは、私の経験した、三学期制・三者面談は年間2回等々の学校に準じているので、大きな枠組みが先生方の勤務校とは異なるかもしれませんが、そこのところはお許しください。何度も言いますが、先生方の参考・コピー・アレンジ、さらに反面教師として捉えてもらってもオールＯＫです。少しでも、先生方のお役に立てますように…。

釈迦に説法シリーズNo.1

学級開きの学活シナリオ

学級開きで言えば、1年は他の学年とは違います。1年のことを詳しく述べれば、2・3年は推して知るべしなので、ここでは1年の学級開きを中心に述べたいと思います。ところで、中学1年生にとって中学校の印象はどんなものでしょう。

・ほんの半月前までは小学生
・中学校のことは実際には何も知らない
・ついこの前までは最上級生と呼ばれ児童会を仕切っていたのに、今は新入生と呼ばれる
・学校には、自分たちとはまるで違う大人の声の大きな上級生がいる

大体こんな感じでしょうか。中1ギャップという言葉はもう古いかもしれませんが、死語ではありません。そして、どんな生徒でも、新しい学校、新しい校舎、新しい先生、そして新しい友達の中で、新しい

自分になりたい、なれるかもしれないと期待と希望で胸がいっぱいなのです。

どんな生徒でも…と、私は言いました。いろいろな生徒がいますが、どんなに問題のある生徒であっても、どんなに厳しい環境の生徒であっても、この大きな変革のチャンスを、大きさは違えどポジティブに捉えていると思っています。

それを中1の担任は（もちろん学校の教師全員で取り組むのですが、この項は「学級担任の仕事」なので、誤解なきよう）、真正面から深い懐で受け止めねばなりません。

1．事前に準備すること

(1)生徒把握が何より大事

卒業式が終わると、旧3年担任団は小中連絡会として各小学校へ向かいます。来年度、そのメンバーで1年を担当するかどうかはわかりませんが、小学校のほうも年度が替わると旧6年担任団が転勤するかもしれないので、この時期に連絡会をやります。その聞き取りをもとに、小学校（普通は複数校あるので）の先生方でクラス分けをする会議を中学校で持ちます。会議の場所は中学校ですが、中学校の教師が小学生のことをわかるはずはありませんから、小学校の旧6年担任団で責任を持ってここまでやっていただきます。中学校の教師は耳をダンボにして、その成り行きと様子を観察したりメモを取ったり、時には質問したりします。

年度が替わり中1の担当教師が正式に決まったら、すぐに担任決めに移ります。小中連絡会のデータをもとにしながら、新担任メンバーの性別や年齢、個性などを考慮しながら担任するクラスを最終決定します。そこから既に担任業務は始まっているのです。

担任は自分のクラスの生徒が決まったら、事務的な作業としてまず座席決めがあります。何だ座席か…ではなく、たかが座席、されど座席なんです。今うなずいている人は経験者ですね（笑）。座席には、次の４種類があります。

①テスト座席Ａ～完全名簿制
②テスト座席Ｂ～保健体育・技術家庭用男女別完全名簿制
③第１次生活班座席
④小グループ（４人）用座席

この４種類をすぐに決めなければなりません。かつ③④は班替えのたびに生徒とともに班長会で決めて、班長会の名でニュースにして出します。また、私の定年退職前の２つの勤務校では、数年来コの字型に座席を配置していましたから、男女が座席をくっつけて、２人ひと組で並びます（わかりにくいでしょうから後ほど図で説明します）。

このコの字座席というのは実に有意義で、眼からコンタクトレンズ（鱗）のようなショックを受けました。最初は、生徒が黒板が見にくくて板書を写しにくいとか、隣と席がくっついているので騒がしくなりやすいとか、いろいろやりにくいなぁと思うこともありましたが、それは私の頭が古かったせいだと間もなくわかりました。私の頭の中には、授業というのは先生様のありがたいお話を生徒がメモするもの。先生と生徒の質疑応答で進んでいくもの…という、これほどの化石賞を貰えそうな古い考えを持っていたわけでは断じてありませんが（笑）、思い込みがあったからです。

今時こんな考えの先生はおられないと思いますが、文科省も言っているように「主体的・対話的」でなくてはなりません。生徒同士の学び合いがあってこそ「深い学び」に繋がるはずです。そのために、生徒たちが発言しているお互いの顔が見え、困ったときはすぐ隣の人（異性なのでいい雰囲気で少々改まった姿勢で）に聞ける、コの字の間に教師が入っていき、後ろの生徒とも近い距離で対応（アドバイス等）できるなど、実に効率的な配置なのです（蛇足ですが、清掃後机並べがものすごく簡単に美しくできます。経験している先生方には周知のことですよね）。さらに、このコの字座席だと、少しの移動で④の小グループ学習の座席に授業の途中で移動することができます。授業の最後の自己評価の際に元に戻すのも簡単です。

このコの字座席と小グループ学習について経験のあまりない先生は、もっと具体的なことが知りたいはずですので、私が国語科教師であった関係で、実際の授業のときはどう利用していたのかを、**第4章　教師は他の何よりも『授業』で勝負！**の項に少し書かせてもらいました。後ほど参照してください。

担任の仕事に話を戻します。

③の図

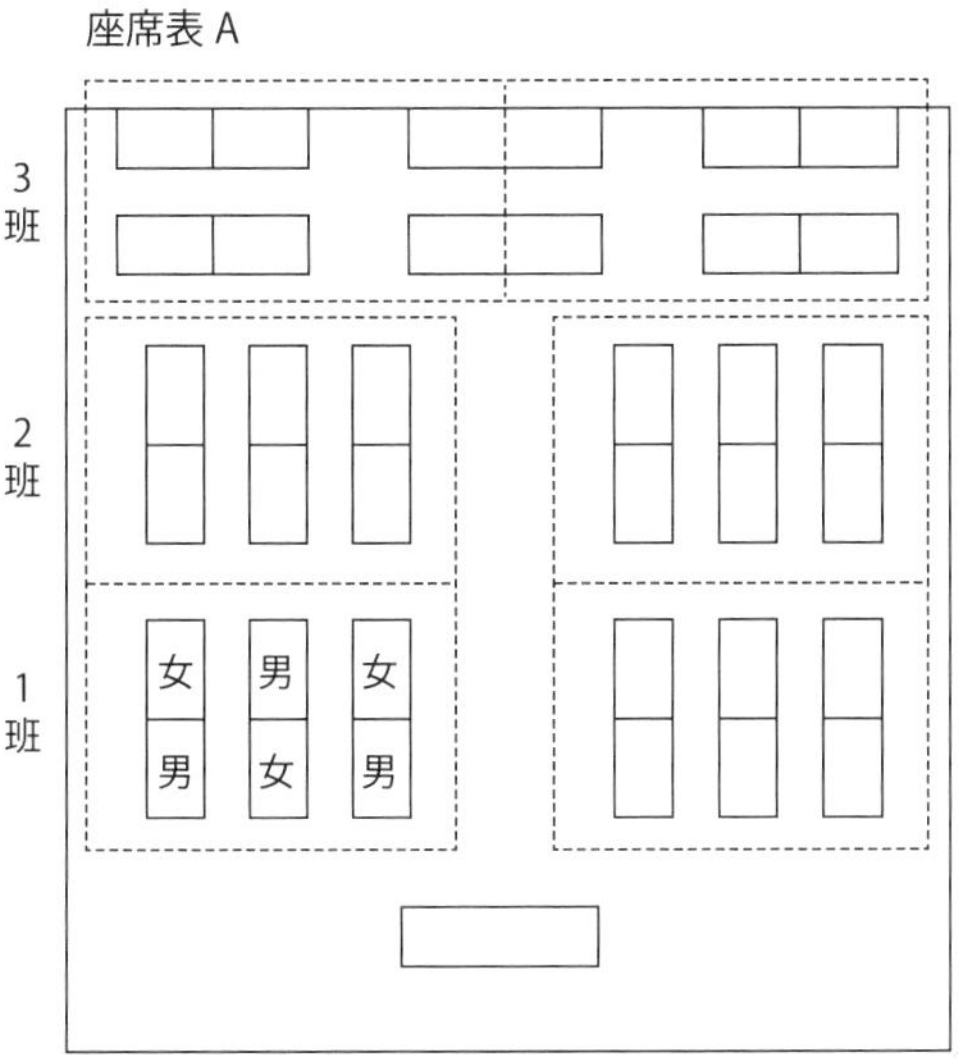

④の図

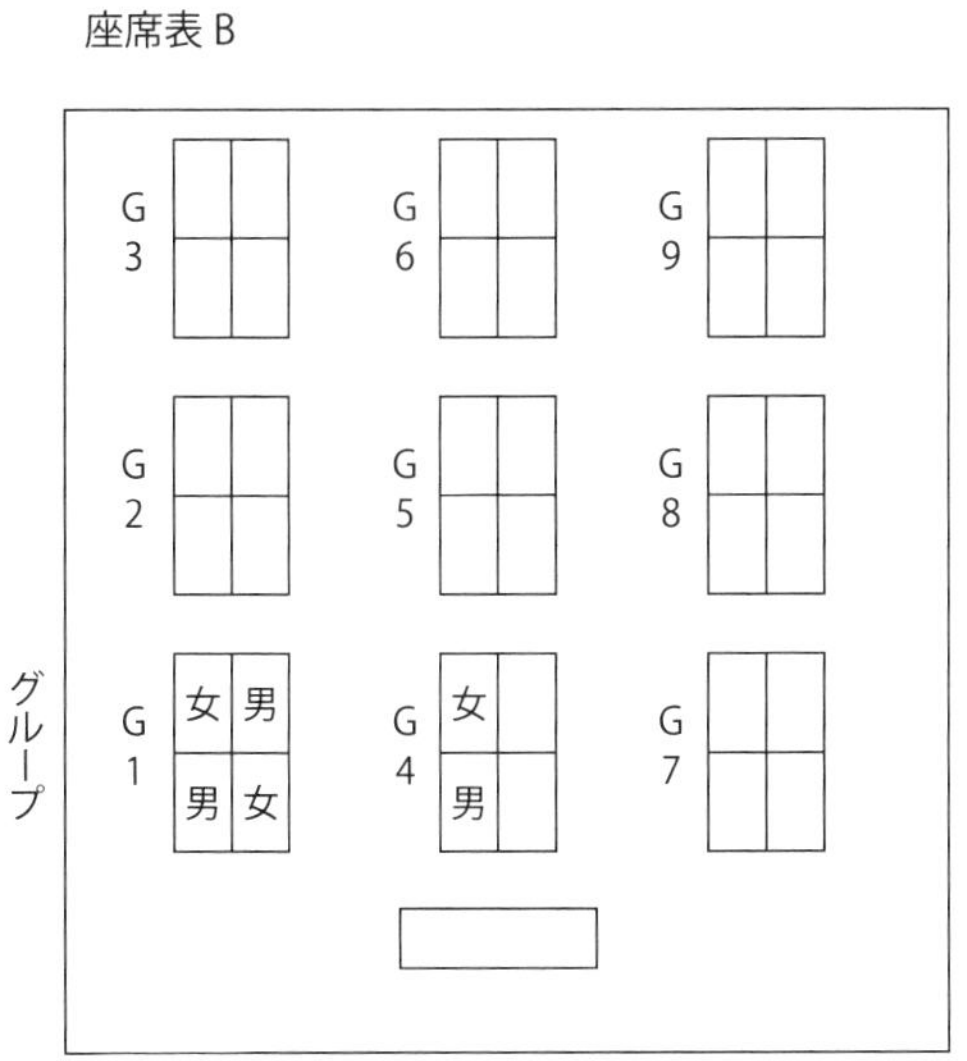

③と④はもとが同じで、分け方が異なるだけですが、③は生活班なので一番重要視しましょう。給食・掃除・終学習といった基本の活動がその5~6人で行われますから、事前の生徒把握を充分しておいて、問題のある生徒がなるべく同じ班にならないように配慮する必要があります。もし、リーダー的な生徒がいない班が出来ても、そのメンバーの中で新しいリーダーがやむを得ず生まれてくる場合もありますから、前者のほうを優先しましょう。

第1次班は基本が名簿順なので限界はありますが、名簿は男女が平均的に並んでいるわけではないという事実を逆手にとって、担任の意向を入れることはある程度可能です。先輩の先生方に見てもらうとかして、1日かけてやる重要な仕事だと心がけてください。④は③ができたらほとんど機械的にできますが、学習のためのグループなので、学力の高い生徒が各グループに1人はいるとベターだと思います。次の第2次班からは、班長会がそのことを意識して決めますから、そう持っていけるよう、小グループを授業で機能させることが大切です。

では、①と②は機械的に名簿順で並べればいいのかというと、③④に比べれば手間は20分の1ですが、少し考慮することがあります。学力的に、また生徒指導的に留意すべきだと思われる生徒は、なるべく前の席にしたいですね。一番後ろだと、テストを回収してもらう仕事があるし、そこで手間取ったりすると生徒が可哀想です。テスト監督者がすぐ目が届く場所にしたほうが、何かとお互い安心でしょう。しかし、完全名簿順ですから、配慮するといっても列の人数を不規則にする方法しかないわけですが、1年間ずっとその席なので、やはり考えて損はないと思います。

さて、座席が決まりました。次に担任がやること、それは①の座席でクラスの像を頭に入れることです。私がやってきたことは、座席表に自分なりの記号を決めて書き込むことです。記号は省略しますが、項目は次の通りです。

・リーダー経験者（児童会・学級委員など）
・副リーダー経験者（班長など）

・特に配慮を要する生徒Ａ（いじめの被害者・低学力生徒など）
・特に配慮を要する生徒Ｂ（問題行動があった生徒・生活環境に難がある生徒など）

わかっていると思いますが、書き込んだ座席表は、間違っても職員室から持ち出してはいけません（しばらくはクリアファイルに入れて自分の職員室の大きな引き出しに入れておき、ことあるごとに見直してください。そして、必要なくなったらシュレッダーで消滅させること）。

誤解のないように付け加えます。もちろん、これは先入観を持って生徒に接することを推奨しているわけでは全くありません。担任として生徒の前に立ったときに、クラスの構成像、クラスの中の社会が生徒の顔と重なって見えるということは、クラスを経営（学級経営という言葉はもう古いですが、あえて経営者的見地も必要だと思うので「経営」という言葉を使います）する上でとても重要だと思うからです。入学したばかりのデリケートな生徒の言動に瞬時にして適切な対処をするため、まだよく知らない生徒の心の中の要望を推し量るためには必要なことだと思います。知らなかったでは済まされないことが、待ったなしの状況が、学校現場にはよくあることだからです。

ただし、そこで気を付けること。それはもちろん先入観を固定観念にしないことです。前述したように、どんな生徒でも、中学入学の機会に「新しい自分に変わりたい」というポジティブな思いを持っているはずだからです。人は変わるんです。成長期真っ只中、思春期真っ只中の彼らなら尚更《なおさら》。そのことを心に留めて、生徒をあくまでもまっさらな心のつもりで見つめることが大切です。しばらくすると、事前に聞いていた様子とは雲泥の差でがんばっている生徒、メモに書いていたこととは全く変貌している生徒がいることに気付いたりします。そのとき、それがより良いほうに変わっているのなら、その生徒の努力を正確に評価することができます。また、逆の場合は、自らの指導について見直すきっかけにもなるのです。

生徒把握にある程度自信が付いたら、さぁ覚えましょう！　それこそ必死で名前を。フルネームで何度も繰り返して。入学式まで数日、うまくいけば覚えきることも可能かも。小6のクラスの集合写真などが手に入る場合もありますが、中学校の制服を着ると全く変わってしまうので、名前だけの暗記でOKだと思います。最近は名札を付けない学校がほとんど（個人情報の関係で）ですから、前述の座席表と合わせて名前がスッと出てくるようになれば、自分の安心感が違います。生徒もびっくりすることでしょう。

最後に、特別支援学級の生徒の協力学級になっている場合、その生徒の状況把握は綿密に。支援学級の担任としっかり連携してください。

⑵学級通信はやっぱり書こう

私は国語科の教師であるので、文章を書くのは厭いません。話すより書くほうが得意です。だからというわけではありませんが、学級通信はたくさん書きました。平均して週に1回は最低でも書いていたでしょうか。また、特別活動担当で学活・道徳・総合のスケジュール作成やリーダー指導もしていたので、時間割とともにその週の具体的な流れや目標プリントも週に1回は同時に出していました。

しかし、担任それぞれの個性で出し方はいろいろあっていいと思います。ただ入学式の日の学活には第1号を出しましょう。理由は次の通りです。

・目に見える形で、担任の思いを伝えるツールとして
・保護者と生徒と担任を結ぶパイプとして
・家に帰ってから、生徒や家族が見直して話題にしてもらうアイテムとして

外来語を使い分けるためにググりました（笑）。そして実際に私が書いていた学級通信第1号の記事は、次のような内容を入れたものでした。

①タイトルには凝る！
私は大好きな「嵐」の曲名にしていました（笑）。ただし、ふざけていたわけではありません。嵐の曲には応援する意味の歌が多いですから、とてもぴったりのタイトルがたくさんあるのです（ちょっと古いですが『Believe』とか『果てない空』とか）。
②担任自己紹介
③担任の目標「こんなクラスにしたい！」
④教科担当発表
⑤当面のスケジュール
⑥最初の授業の持ち物
④と⑤は、学年主任の先生が書いてくださる学年通信と重ならないように。また、⑥は全クラスに別プ

リントを出すことが多かったです。また、「あれっ?」と思われたかもしれませんが、クラスのメンバー一覧はだんだん出さないようになりました。保護者は、張り出し名表で知っていますから、メンバー構成についてあれこれ思いをめぐらせるのは、そのときぐらいにしてほしいからです。個人情報でもありますし、家に帰ってから「○○ちゃんと離れてイヤだ~」とか「こっちのクラスはいいよね~」とか、あまりポジティブには使われないように思うからです。隣の芝生は青いってやつです。なるべく入学式の日は前向きな話を家でしてほしい。考えすぎですか?(笑)

そこで、力を入れるのはもちろん②と③ということになります。スペースは充分あります。ここでは先生方の個性を発揮して、大いに語ってほしいと思います。その担任の先生の意図を基礎にして意識しながら、近々学級会でクラス目標を決め、教室に掲示し、学年集会や全校集会で発表するということになります。最近は生徒たちが言葉遊び的な目標を作ることが多いですが、あくまでもその根底には、教師の意図した正義が貫かれていることが大切です。ただのカッコイイ文字の集合体ではないのです。常に心に留め、達成に向けてクラスみんなで努力する、それがクラス目標となるべきです。

私がよくやったクラス目標の決め方は、班でまず次のことを討議します(そのとき、班の中で全員発言でいくことを強調します。これが後から威力を発揮するのです)。「どんなことがあったら学校生活が楽しくないと思うか?」このようなネガティブなテーマには、意外に意見が出やすいものです。例えば「いじめがあったらイヤだ」「自己中な言動はイヤだ」「授業中騒がしいのはイヤだ」など、ネガティブワードのオンパレードとなります。そのあと、発表はさせず、班討議のまま次のテーマに移ります。その出た状況の反対が、みんなが目標とするクラスです。さぁ、班でまとめてください。その後、班代表に発表させると、黒板にポジティブワードがズラッと並ぶことになります。それを全班が出しきると黒板は大迫力になります。次に、その中から多くの班が出した意見に☆を付けたり、同じワードを○で囲んだりすると、次第にいくつかの最大公約数が浮かんできます。それを全員の拍手で確認すると、クラス全員の意見が反映されたクラス目標決定となります。

さらに、「それを実現するためには、具体的にどんなことに気を付ければいいか、どんな活動をすればいいか」を出し合えば、具体的行動提起になります。大切なのは、クラス目標をあくまでも「自分たちで決めた」という自覚を持たせることです。「自分たちで決めたことを自分たちで守らせる」…この経験が後々、他の取り組みに対してもずっしりと響いてくるのです。

そして、学期の終わりには必ずその達成状況を分析し、自分たちのクラスにまだ欠けているものは何かをじっくり話し合うことが必要です。目標↓実行↓反省↓再度実行↓達成の道筋を生徒たちに実体験させましょう。この活動は、将来様々な場面で生徒たちが問題にぶつかったとき、それを論理的に解決していくスキルとなって、生徒たちを助けてくれるパワーになると私は信じています。

③の例は？　私はそんなことは言いませんよ。大学で勉強してきたことを振り返って、また日々の実践を振り返って、自分で考えてください。この本はあくまでエッセイですから（笑）。

⑶教室整備は最初が肝心

ユニバーサルデザインを重視した教室環境が大切であることは、周知の通りです。

教室の前黒板の上のスペースには、一切掲示物を設置しないこと。授業の邪魔です。昔は学級目標の大きなパネルを貼ったりしていましたが、今では超ＮＧということになっています。授業の集中を妨げるものはダメです。今の段階で「えっ？」と思った人はかなり考えが古いので、悪いけど続きもしっかり読んでくださる？

学級目標は、後ろの黒板の上に大々的に掲示しましょう。黒板の両サイドは、スケジュール表とか日直・給食・掃除分担表とか、年間行事計画とかカレンダーなど、あまり目立たないものは掲示してもＯＫ。あっ、そうそう給食台近くには必ずメニュー表を。今日のちくわの磯辺焼きは１人何本だったっけ…というこどがありますから（給食メニューは超重要！　それをすごく楽しみに登校している生徒もいるはず。また、アレルギーのある生徒にとっても大事）。

後ろのスペースには、学級文庫のカラーＢＯＸが設置されていることでしょう。教室整備係の生徒の毎日の仕事の中に学級文庫の整頓も入れておきましょう（担任が自宅から本を持ってくることもあり、クラスのＢＯＸは担任の個性が出ていて、とても面白いです）。

規定の掲示欄も作成しておきましょう。学校通信・学年通信・学級通信の欄は並べておくといいですね。ただし、あまり下のほうに設置しないこと。後ろには生徒のロッカーがあって、学校によってはロッカーの上に部活の道具とかを置いてもよいスペースにする場合もあるので、通信が傷みます。少し上のほうに見上げて読める位置に設置するようにしましょう（上すぎると、毎回掲示するのが大変ですよ）。

あとは、部活関係・進路関係・図書館便りの設置場所が決まっていると、見やすくていいですね。張り出し名表は１年間、後ろの高い所に設置したままにしました。他学年から授業に来てくださる先生方は、名前を覚えるのに便利だったそうです。注意することは、掲示物が外れたり汚れたりしたときは、すぐに補修すること。カーテンもそうですが、いつもキレイな状態に保つことは、実はとても大切なことだと思います。生徒もそれが自分たちにとって快適で利益があるから、放っておいても自主的にキレイを保とうとしますよ。

ロッカーの順番は、入り口近くが男子、窓のほうを女子にして名簿順に配置しました。今の時代、男子女子と分ける必要もないかもしれませんが、女子は男子にロッカーをあまり見られたくないものですし、体操服や水着やリコーダーなども入れますから、分けたほうがベターでしょう。また、細かいことを言いますが、ロッカーの数に余裕があるなら、一番下の段は使わないほうがいいです。どうしても埃が入りますから。あっ、それから生徒の机の上と椅子の上はピカピカに水拭きしておいてくださいね。

座席をキレイに早く並べるために、机の脚の左前の位置にポイントを打っていました。ビニールテープでも、シールを貼っても（最悪マジックで書いても）いいと思います。清掃後に机を並べる時間が飛躍的に早くなります。余った時間を生徒と語る大切な時間に変換できます。

いろいろ蛇足混じりではありますが、要は生徒の立場に立って、使いやすい快適な教室を考えればいいだけのことです。そうすれば、自然に浮かんできますから。

そうやってきちんと整備した教室を、入学式場から教室に上がってきた保護者の方々に見てもらいましょう。きっとわが子のこれからの中学校生活に、安心感と期待感を持ってくれると思います。そのことは、最後はもちろん、教師のためではなく、生徒のためになるのです。

今回書いたことは、たった一日（数時間）で出来上がります。菊池寛も言っています。「形」も大事！がんばって！

2. 入学式直前の学活の前

新入生は、集合30分前には教室に入り始めます。早くから入室する生徒は、やはりやる気満々の場合が多いと思います。「おはよう!」と元気よく声をかけて、着席する席で名前を確認し、ワンタッチしてはどうでしょう。くれぐれもなれなれしくしすぎないこと。足元を見られます(笑)。

3. 入学式直前の学活

副担任の先生の指示で、座席の確認や鞄をロッカーに入れることやトイレの指示は終わって、担任が打ち合わせを終えて教室に入る頃には、きちんと着席して静かに座っているはずです。

(1)号令をかけて元気に挨拶

ワンタッチの段階で声が大きくて元気な生徒に、仮の号令係を決めておいてもいいかも。

(2)担任の自己紹介を簡単に

私語をする生徒がいたら、この時点でしっかり指導します。最初が肝心です。毅然とした態度で「人の話をしっかり聞かないで、自分の話を聞いてもらおうと思ってもダメ」だと言って聞かせましょう。

⑶本日のスケジュールを発表

事前に板書するかボードに書いて黒板に貼っておくと、生徒も見ているので説明が簡単に済みます。生徒も見通しを持ててホッとするはず。やっぱり緊張してますから。

⑷入学式の説明

並び方、入場の仕方、呼名のときの返事、着席の仕方、起立のタイミング、退場の仕方などを説明してシミュレーションしておきます。説明パネルを事前に作成しておいて、それをもとに説明するのがベターでしょう。ところどころ、挙手で確認しておくといいかも（「先頭に並ぶ1番の人は？」とか「2列目の先頭の○番の人は？」などと聞いて手を挙げさせます）。「入学式に先輩たちの前で恥をかきたくないよね。しっかり聞いてね」と集中を促すと、やんちゃな生徒も真剣に聞くでしょう。

⑸呼名と返事の練習

一通り練習しておきます。最近はキラキラネームが多いので、名表にフリガナが付いていても難しいですね。「返事は君たちの決意の表れだよ。いいスタートを切ろうね」と説明し、1人1人顔を見て確認しながら、実際に返事をさせましょう。緘黙《かんもく》の生徒は把握していると思います。返事をさせるときに気を付けましょう。声が出なくても、ニッコリうなずいてあげてください。

緊張は30分も持たないので、子どもたち同士で服装のチェックをし合ってもらうなどして適度に気分をほぐしてあげましょう。「返事と合わせて、服装も1つの決意の表現です。近くの人に見てもらっておかしいところがないか最終チェックしよう」と言って、襟元の乱れを直してあげたり、リボンを結び直してあげたりしていると、短時間でも和やかな時間が持てて一石二鳥です。

もしも遅刻してくる生徒がいたら要チェックで、家庭的にも少し心配です。友達と一緒に登校していないから、友達関係も気になります。緊張をほぐすために、廊下に並んでから「大丈夫？」と声をかけてもいいかもしれません。入学式の日の遅刻は多くの場合が親の責任ですから、大きな声で叱責する必要はありません。

服装や態度に問題がある生徒も、この時点では事前の指導は難しいですね。学年主任や副担任、生徒指導の先生方がチェックしているはずですから、極端な場合は指導を依頼しましょう。最初から担任が矢面に立たなくていいように対処してくれます。放課後の学年会議で今後の対策を練りましょう。

4. 入学式中

体調の悪そうな生徒に注意して見守りましょう。「途中トイレに行きたくなったらそっと担任のほうへ出てきなさい」と事前に伝えておきます（我慢することを強調はしません）。入学式で失敗はさせたくないですから。

学年全体の集中の度合いと、特に注意散漫な生徒をチェックしておきます。↓学年会議へ

5. 入学式後の学活

式が終わって生徒はリラックスしていると思いますが、号令できちんと静かにさせてから始めましょう。鞄は朝の時点でロッカーに入っていて、机の上には筆記用具のみだと思いますが、机の上に鞄を置いている生徒には下ろさせましょう。話を聞く態度ではありません。狭くて集中できないから大事なことを聞き逃してしまうのだと理由も伝えましょう。はじめが肝心です。

⑴入学式の評価

良かったところ、反省すべきところを1つずつ簡潔に話しましょう。この話で、この担任の正負の判断基準の一端を生徒は確かめています（こういう点は褒めてくれるんだ…とポジティブに捉えるはず）。

⑵明日のスケジュール・提出物等の連絡（学校通信・学年通信配布）

配布（プリントを後ろへ回す）の様子もしっかり見てください。ぞんざいに回す生徒には注意を（性格からではなく、後ろの生徒とトラブっている場合もあるので要注意）します。この時点では、まだ保護者は教室に入ってきていません。大事なことは保護者の前で言いたいので、事務連絡を先に済ませます。この内容は全クラス共通なので、学年通信に載せてもらいましょう。

⑶ロッカーの場所の確認、机・椅子の高さの調節

高すぎたり低すぎる人を挙手させ、放課後直しておくことを伝えます。机や椅子がギシギシ音がするのは、入学式までにきちんと直しておきます。高さは、生徒が座ってみないとわからないので。この丁寧な声かけは、思っている以上に生徒に大きな安心感を与えられると思います。私は娘の小学校1年の入学式の日、娘の真新しいスカートが椅子のささくれで傷んでいるのを見て、担任に電話をしたことがあります。古い椅子しかないのですみませんと謝ってくださいましたが、私だったら早速紙やすりで磨くのに…とイラついたのを覚えています（笑）。

⑷保護者が入ってきたら担任が所信表明

再度静かに集中させ、保護者も静かになってから、まず保護者の方々へ子どもの入学のお祝いを言います。その後、板書しているはずの名前と簡単な自己紹介（教科・部活など）をします。続いてメインの「どんなクラスにしたいか」「みんなにどんなことをがんばってほしいか」を保護者と生徒に向かって熱く語ってください。前だけでなく左右の端の生徒にも顔を向けて。間違ってもメモを見て話すということのないよう、しっかりシミュレーションしてきてください。その後、「今話したことはこの学級通信に書いてあります。家に帰ってから、保護者の方と一緒に読んでもらえると嬉しいです。これからも大事なことは学級通信にしますから、家に持って帰って必ず家の人（お父さん、お母さんとは言わない。母子、父子の生徒もいるので）に見せてください（保護者の前でこう語っておくと、保護者も気に留めてくれるでしょう）」と言って、最後に学級通信を配布します（3枚目なので、上手に後ろに回すでしょう）。

留意することは、プリントを見ながらでは集中して聞きにくいので、必ず前を見て話を聞くよう指示しましょう。この日は学級通信のみ徹底して担任の目を見て聞かせましょう。それだけの価値のある通信にしてください。

また、入学当初は配布物や回収物が多いので、学年で相談して、プリント配布及び回収用の名前付きクリアファイルや袋を全員に配布したこともありました。それらがあると、担任は回収がスムーズにいって助かります。きっと保護者にとっても重宝するのでは。もちろん本来は生徒が自分で準備してやるべきことです。しかし、この時期１年の担任は、複数ある回収物のチェックに時間と手間をかけざるを得ない状況なのです。

⑸号令によって終わりの挨拶

時間オーバー厳禁です。他のクラスが終わった後は、極端に集中度が下がりますから、やっても意味がありません（授業も同じ）。できれば生徒の号令で、爽やかに終われるといいですね。

6．放課後

特別支援学級の生徒の協力学級になっている場合は、その生徒・保護者と一緒に特別支援学級へ。支援学級担任とともに、顔合わせと具体的な打ち合わせをします。次の日から2～3日はオリエンテーションや身体測定、学年集会など、教科の授業ではない時間が続くため、どう対処するか生徒と保護者の意向も含めて考えます（疲れていると思うので、リラックスして打ち合わせができるといいですね）。

また、質問しに来たり、話しかけてくる生徒や保護者がいたら、丁寧に対応します。クレームを付けてくる保護者は、大体事前に予想できると思うので、学年主任や生徒指導主任が控えているはず。一緒に話をしましょう。まだ信頼関係が築けていないので、必ず複数で対応します。

それから、教室の簡単な掃除、机や椅子の調節をします。忘れ物がないかも見ます。明日の朝する連絡を板書して施錠。昼食後、学年会議で各クラスの様子や生徒の様子についても情報を共有し、次の日のスケジュールの最終打ち合わせをします。生徒の様子としては、次のような点について情報交換しましょう。

・欠席や遅刻をした生徒
・元気がなかったり体調が悪そうだった生徒
・服装や頭髪などが気になる生徒
・私語など態度が気になる生徒
・集中力に欠ける生徒
・仮の号令係を頼めた生徒
・リーダーシップが見られた生徒
・特別支援学級の生徒

大変お疲れ様でした！ ホッとしましたね。今日1日がスムーズにいけば大丈夫。明日からもうまく流れていきます。しばらくは毎日、学年会議や職員室の会話で生徒たちの情報を交換し合いましょう。担任団で常に連絡を取り合って、生徒に対しては同じことを言いましょう。「先生たちはまとまってるなぁ、仲がいいなぁ」と思われることが大切です。「ＯＮＥ ＴＥＡＭ」です。それが生徒にとって安心感と正しい価値観を与えるもとになるからです。

担任の先生が入学式や学活がしやすいように、早朝からの廊下指導や保護者の誘導など、様々な準備に奔走してくださった先生方への感謝を忘れず、今日の爽やかな思いを大切にしていきましょう！

さぁて、次は授業です。中学校の授業のすごさを一年坊主に見せつけてやりましょう（笑）！

釈迦に説法シリーズNo.2

家庭訪問スキル

担任になったと思ったら、すぐさま試練（？）が待っています。４月末から５月にかけて家庭訪問があるからです。新採であったり転勤したばかりのときは、まだ地域のことをあまりよく知らないので準備に時間がかかりますね。また、最近は車の中が50度を超す暑さの日もあります。体調に気を付けて、笑顔で訪問できるよう準備を滞りなくやっておきましょう。

(1)家庭訪問のルートの決め方

①この時間しか無理という場合

家庭訪問の日程希望を配布するときに「どうしてもこの日、またはこの時間しか無理」という場合は、欄外に記入してもらうようにあらかじめ生徒に言っておくとよいでしょう。そうしておけば日程を作る際に役に立つので、案外早く訪問順やルートを決めることができます。

②保護者の都合がわからない場合

保護者の仕事のシフトがまだ決まっていないので〆切に間に合わないという場合は、無理をしないよう言っておくと保護者は安心します。その人だけ別口で予定を出せばいいので、たいして困りません。〆切をきつく言うと、家庭訪問に行く前から保護者の心証を悪くする場合があります。

③在校生に兄弟姉妹がいる場合

在校生に兄弟姉妹がいるなら、当然同じ日の同じような時間にします。上級生のほうを後に回すといいでしょう。特に3年生は進路の話もあるでしょうから、弟妹を先にします。上級生のほうの担任は先に決めて、下級生のほうの担任に連絡して決めます。間に1人ぐらい入れると、保護者も気分転換しやすいと思います。

④事前に地図で場所を確認しておく

地方自治体ごとの住宅地図が手に入ると思うので、それで家の場所をチェックしておくと、近い人同士組みやすく効率的です。地図に生徒に印を付けさせる担任もいますが、個人情報でもあり家の大きさ、一戸建てか集合住宅かもわかってしまうのでおすすめしません。

⑤遅れが出ることも計算に入れておく

3軒続けたら1軒分空きを作るというパターンで組んでおくと、遅れが出ても取り戻せます。

⑥休日や規定外時間に訪問する家庭について

一覧表を出す場合は、規定時間より遅い時間の人、土・日を希望する人は別用紙で出すほうがいいと思います。

⑦駐車できるスペースも確認しておく

家の場所と車の駐車スペースを同時に確認しておくと便利です。自家用車での家庭訪問を禁止している学校もあります。駐車スペースを探しているうちに時間がかかったり、駐車場所でトラブルになったりするのは避けたいですね。消耗しますから。

⑧必要に応じて下見をしておく

場所がわかりにくい家だけでも下見をしておくと当日困りません。私は、夜だと家がわかりにくいので、土・日の部活の後、何軒かずつ下見をしていました。２年目からはうんと楽になるので、１年目だけでもしてみては。また、前担任に聞くと詳しく教えてくれますよ。

⑵持ち物について

・地図（ナビに入っているなら不要）
・入学式に使った読み仮名が書いてある名票（電話番号をメモしておくと便利。個人情報なので取り扱いには注意すること。名字だけでなくフルネームを知っていると話しやすく、保護者も喜びます）
・家庭訪問の時間と順番を書いたもの
・メモ帳と筆記具（ただし、保護者の目の前でメモするのはよほどの場合。できるだけ車の中で）

・二者面談などの内容をメモった個人カルテノート（私はこの時期に作っていました。三者面談でも使います。「三者面談シナリオ」参照）

・「中学生になった抱負」などの作文（自己紹介した後、しばらく保護者にそれを読んでもらっていました。子どもが書いたものだから親は読みたがります。こちらも一息入れられます）

これらは、絶対車に置かずに家に持って上がること（私は百均のケースに入れてよく持ち歩いていました）。また、「個人カード」と「緊急連絡簿」は学校から持ち出してはいけません。個人情報なので、紛失したら大変なことになります。必要なことを、その日の分だけノートにメモするのがいいと思います。

兄弟関係のことや片親であることなどは、知っていても教師側からは話題にしないようにします。兄弟のことについてはつい言いたくなるところですが、保護者は触れてほしくないと思っている場合もあります。兄弟であっても一人一人別人格であるという考えが基本です。父子家庭や母子家庭の場合は、いない方のことを聞いたりしないようにしますが、保護者からそのことを話題にされた場合は構いません。

それから、担任が部活や校外でのスポーツ、習い事などのことを知っているというスタンスが大事です。

また、保護者がＰＴＡの役員なら、一言お礼を言っておきましょう。

⑶時間について

５分遅れは許容範囲。10分以上遅れる場合は、学校にＴＥＬしてください。副担任のほうで、次の家に遅れる旨連絡する態勢をとっているはずです。そのためにも緊急連絡簿を置いといてほしいのです。緊急連絡順が書いてあるので。

また、予定時間より早く行かないこと。５分未満早いときは、玄関及びインターホンで了承を得てＯＫなら可。保護者も片付けや身支度など準備をしているものです。早く行けるときは時間を稼ぎたいですが、あえて車で待ちましょう。

長引きそうなときは「次があるので終わってからまた来ます」と言って、出直すようにします。大体は「また今度でいいです」とおっしゃいます。保護者も無理して時間を都合しているので、交通安全に気を付けて時間通りに行けますように（下見をするのがベストです）。

⑷話す内容

基本は「保護者の言いたいことを聞く」というスタンスで行くこと。教師のほうが熱心にしゃべってしまいがちですが、保護者の方々は聞きたいことや話したいことが案外多いものです。担任がしゃべりすぎてしまうと、話したいことを話しきれなかったという思いを残させてしまい、逆効果の場合があります。話すことは大体次のような内容ですが、全部しゃべるとかなりしゃべりすぎです（笑）。

・自己紹介
・「中学生の抱負」などの作文について
・二者面談で聞いたことやアンケートに書いていたことなどについて
・部活、委員・係などについて

・具体的なポジティブエピソード（例えば、掃除をがんばっていた、授業でがんばって発言した、友達に優しい、休み時間は元気に走り回っている、こんな話をしたなど）
・指導済みのネガティブエピソード（こういう指導をさせてもらったら、こういう反応をしましたというのもあり。未解決の内容や生徒が納得していないことは、家庭訪問までに指導や家庭連絡を終えておくこと）
・帰宅してから学校のことを何か話しているか（困っていることなど）
・体調などで気を付けておくことはないか（アレルギーのことなどは養護の先生から出される一覧表をしっかり頭に入れておくこと。給食のときに注意する点。エピペンを持参しているかなど）
・何かあれば遠慮せずに連絡してもらえるよう伝える

その他、次のようなことがあった場合には相手の気持ちを考えて対応してください。

・お菓子などを出されたら「○○ちゃんが帰ってきたらあげてください」と辞退するのがベター（「じゃあ、持って帰ってください」と言われたら貰ってもOKじゃないかな。もちろん高額なものや金銭は絶対に×）
・お茶が出されたら、必ず一口は飲みましょう（うちの茶を飲んでくれなかったと寂しがる保護者もいます）
・「先生に食べてもらおうと子どもが作ったデザートです」という場合もあります。そのときは、できれば完食してください（笑）。

・気になることを話されたら、帰校後すぐに学年主任に連絡を。緊急でない場合はその日のうちにメモしておき、まとめて学年会議（「家庭訪問のまとめ」という時間があるはず）で情報交換しましょう。

家庭訪問が済むと生徒との距離がすごく近くなった気がします。保護者といい話ができたら、次の日に生徒に少しだけ話すと会話が弾むかもしれません。例えば「君はお弁当を自分で作っているらしいね、すごいね！」とか、「○○ちゃんは毎日自分で起きられるそうじゃないの、えらいなぁ！」とか（笑）。

家庭訪問は担任の先生にしかできない専売特許です。交通安全に気を付けて、うんと楽しんできてください！　学校に戻ったら、学年主任の先生や副担任の先生に必ず無事帰校したことを連絡してくださいね。心配しながら待っていてくださったはずです。甘いお菓子も用意されているかもしれませんよ！

釈迦に説法シリーズNo.３

一学期通知表の所見の書き方

職員会議で、通知表の所見の〆切が発表されるのが６月。三者面談があるのに所見も書くのは、担任の先生方は本当に大変ですね。働き方改革の一環として、三者面談をする学期は通知表の所見を省略する学校も増えてきていますし、私はそれで充分だと思っています。

しかし、所見は生徒に直で返るメッセージ。担任の先生の専売特許であるこの機会を是非、有効活用しましょう。一学期の所見を書くことになっている学校の担任の先生方は、夏の大会やコンクールの前の大変忙しい時期であり、かつ担任した生徒への初めての三者面談ですから、早め早めに（期末テストを作成する前から）少しずつ入力して形にしていく必要があります。期末テスト作成にかかったら、採点、成績付けとめまぐるしい日々が訪れます。その前にできる限りの準備をしておくと、メンタル的にも落ち着きますね。

所見作成は、やはりかなりの時間を要するしんどい（？）作業ですから、なるべく短時間で入力しやすい方法をまとめてみました。時間短縮を図りながら、**あくまでも生徒がきちんと一学期を振り返り、二学期に向けてがんばるエネルギーが湧くような所見**を目指したいものです。

(1)入力の前に名票を使ってメモ（データ）を作成

次の項目を作り、材料を集めて書き込み（入力する）ます。

・第〇次班班長、副班長、各クラス班長長、学年班長会長
・学級委員・議長など、日常的にがんばっている生徒の様子
・委員・係（一覧表があるはず）
・部活動（生徒名簿に一覧表があるはず）
・校外の野球・サッカー・習い事などの把握
・体育大会・合唱コンクールの係（どちらも一覧表があるはず）

⑵所見欄にいくつかの項目を入力

次の項目だけ入力し、全員分をコピーしてしまいます。

クラスでは　日常の活動では、係としてがんばり責任を果たした
第○次班班長を務め
学習面では　部活動では　二学期は　体育大会では　合唱コンクールでは

⑶一人一人に合わせて過不足分を調整

全員用に作った項目から、一人一人不要なものは削除したり、必要なことや強調したいことを付け加えたりして入力を完成させていきます。学習面は、成績が出てからのほうがいいと思うので後回しにします。授業態度に関してはすぐに書けますが、成果が評価に出ているかどうかを見てからのほうがいいように思います。また、各教科担当の先生方から三者面談前に頂く（もちろん自分も書くのですが）個人ごとのコメントを参考にすると、授業態度や提出物が明確にわかりますが、時間的には入力〆切に間に合わないかもしれません。

⑷二学期の目標は具体的に提示

二学期はのところは、文字数の制限もありますが、なるべく具体的に意欲の湧く目標を提示すると、生徒も保護者も安心すると思います。

(5)所見は200字程度にまとめる

文字数は、それぞれの学校の通知表の様式によって変わりますが、大体200字程度でいいと思います。200字を超えると、入力したときピンク色に変色します（?）。それでも、フォントを変えれば枠に入ります。ただし、210字を超えると文字が小さくなりすぎて読みにくいと思います。多く書けばいいというものではないので、生徒の状況に応じて焦点を絞って書くのがいいと思います。ただし、あまり字数に差がないように（所見を見せ合う生徒もいるので）。次の例文を参考にしてみてください。

■例文

学級議長として毎日の終学活を運営し活躍した。第2次班の班長を務め、班をまとめて掃除や終学習のスムーズな活動をリードした。また班長会長として学年集会でしっかり発言した。学習面では、授業中は積極的な発言にがんばり意欲的に取り組み成果を上げた。部活動でもチームメートとともに熱心に活動している。二学期は体育大会で大縄リーダーを務め、合唱コンクールではパートリーダーを務める。学業と両立して自主活動にもがんばろう。（以上213字）

例文で紹介したような生徒は書くことがいっぱいあるのでそれほど大変ではありませんが、実際は書くことがあまりない生徒もいるので苦労しますよね。その場合は、がんばった具体的エピソードを入れたりします。その材料に困らないためにも、生徒一人一人のカルテをきちんと作成しておくことが大切です（個人カルテについては次の項で）。

釈迦に説法シリーズNo.4

一学期三者面談シナリオ

期末テストが終わったら、担任の先生方は成績付けと所見書きの仕上げと三面準備が始まります。本当にお疲れ様です。私も30回以上やってきたのでよ～くわかります。

⑴個人カルテを作成

三面シナリオに入る前に、まずその材料となる「個人カルテ」を作成する必要があります。アナログな私はＡ４ノートに次のように作成しました（デジタルな方は自分のフォルダーにご自由に）。

左ページ　・氏名
　　　　　・部活
　　　　　・素点表のコピー（二学期、三学期分は上に貼る）
右ページ　・「教育相談アンケート」で気になること
　　　　　・二者面談で話したこと
　　　　　・学校生活の中での活躍やエピソード
　　　　　・指導した内容と経過

・三者面談で話そうと思っていることのメモ

これは1年間使います。1、2年なら見開き2ページで充分間に合いますが、3年は特別な形式があるはずです。

⑵三者面談に持って行くもの

取り扱い及び保管に注意し、1日分ずつ生徒ごとにまとめておきましょう。

・個人カルテ（素点表のコピー含む。氏名のインデックスが付いたこういうものを持って臨むだけで、保護者は大変ありがたがるもんです）
・通知表の仮打ち出し用＋通知表の見方プリント＋教科観点別表
・教科のコメント集
・テスト勉強計画表
・テスト反省アンケート（学級通信などに載せたものを利用し、クラスのまとめがあるとベター。個人情報には注意すること）
・保健のカード（養護の先生がくださると思います。注意事項以外は個人情報なので深入りしないこと。特別に注意すべきことは、後で保健室に行って養護教諭と面談してもらいます）
・都道府県学力診断テスト（保護者同席で返却がベターでしょう）

・夏休みの課題一覧表（生徒には既に配布済みだと思いますが、再度印刷して保護者に見てもらったほうがいいと思います）
・夏休みの部活動一覧表（これも生徒には既に配布済みでしょうが、保護者に見てもらったほうがいいでしょう）
・対象者には夏の勉強会（補充学習）の招待状
・体育大会や合唱コンクールなどの役割分担表が載った学級通信（学級通信を初めて目にする保護者もいるので、宣伝効果大！）

他に筆記具や自分のお茶、鏡、ハンカチ、ティッシュ、スマホ、口臭予防スプレー（笑）などを用意しておくと便利です。

⑶三者面談シナリオ

面談は20分程度です。

①まずは労をねぎらう

「暑い中…」「お仕事を調整して頂いて…」など。また、少しでも待たせたら丁寧に謝罪する。

②体調について尋ねる

病気やケガなどがあれば「ケガ（病気）の具合はどうですか？」などと聞いて、保健カードを渡す（個人情報なので二つ折りにしたまま）。

③面談のプログラムを簡単に伝える

本題に入る前に内容を説明しておく（何でも見通しが大事）。

④生活について

いよいよ本題に入る。まずは生活面のことから。プラスのエピソード（体育大会競技リーダー、ブロックリーダー会での様子、合唱リーダー、班長会総会、日常の係、掃除、給食の様子など）をできるだけ具体的に、担任と話した会話など伝えるといいかも。保護者の中にはこちらの話を聞いているばかりの人もいるので「学校では○○ですけど、ご家庭ではどうですか？」などと尋ねて、家での様子を話してもらうようにする。

⑤部活について

夏休みの部活動は超重要事項。

・出席状況などが心配な場合は、事前に顧問に聞いておく。

・1年には夏休みを乗り越えればすぐに新人戦で楽しくなってくるであろうことを、2年には夏休みの大会やコンクールが終わってからは1年を指導する立場になることなどを伝える。

・転部したいなら夏休み前が良い（夏の練習を新しい部活でさせたほうがベター）と伝え、転部をネガティブに捉えさせない。

・サッカーや野球など校外の活動についても聞く（例えば夏の遠征の様子など、担任にあまり知られていないことを内心寂しがっているはず）。

⑥成績について

ここから、ようやくこのテーマに。

・「都道府県学力診断テスト結果」を渡す（学校の成績には影響しないことを伝え、簡単に済ませる）。
・「素点表」を回収し、中間テストから期末テストへの変化や平均点との差を指摘する（もちろん個人カルテには色ペンを使ってチェックを入れておく）。
・「通知表コピー」（実物を渡すのは終業式の日の学活のときなので、所見以外が印刷されているものを用意）は、回収した素点表を開いたままにした状態で「評価の観点のプリント」や、本人の「テスト勉強計画表」「テスト反省アンケート」（自宅に持ち帰り、改めてテスト勉強について振り返ってもらうとなお良い）と併せて見てもらい、少し時間を取って感想を聞く。関心・意欲・態度の項目で「C」の評価になっているものは注意させる（Cの多い生徒、1の評価のある生徒については、その理由を事前に教科担当に取材しておく）。
・「教科のコメント集」（成績が低いのに詳しい記述がないものや、テストの得点は取れているのに評価に結びついていないものについては、教科担当に詳しく聞いておいたほうがいい）からコメントを紹介する。例：「では、なぜその評価がついたのか、各教科の先生方のコメントを紹介します。もし、質問があれば、後日聞いて伝えますから言ってください」など。
・二学期の目標を考えさせる（どこをどうがんばっていくのか具体的に生徒の口で言わせるのが良い）。
・「夏の勉強会の招待状」のある生徒には、勉強会のことを説明して渡す。

⑦夏休みの過ごし方について

・「夏休み課題一覧表」を渡して説明する（提出が二学期の成績に大きく関係することや、確認テストが二学期当初にあり、それも成績に入ることなど)。

・夏休みの予定(部活や校外の活動、家庭のスケジュールなど)を確認する。

⑧締めの言葉

例えば「終業式までしっかりがんばろう!」「二学期は行事が多くて楽しいよ!」「いっしょにがんばろうね!」などと明るいトーンで挨拶して終わり! お疲れ様で〜す!

※ここで一言。

全ての三者面談がシナリオ通りスムーズに進めばいいのですが、自分の経験からもそうはいかない場合が何度かありました。

まず、子どもが待っているのに親が来ないとか、親が来ているのに子どもが一向に現れないときは、次も迫っているので焦りますね。そんなときこそスマホの出番。担任は教室を出る余裕はないと思うので、職員室の学年主任か副担任の先生に電話し、保護者に連絡したり、部活場所に呼びに行ってもらいます。

また、親子でケンカが始まったり、そうかと思えば互いに黙ってしまうこともあります。これまた困りますよね。ケンカが始まったときはしばらく静観し、どちらの言い分にも一理あるはずなので親子それぞれの弁に理解を示し、続きはお家で…と切りましょう。黙り込んだ場合は、後日それぞれ別に話を聞く機会を持つことを提案し、渡すものは渡してお引き取り願います。なるべく早いうちに二者面談をして、その結果を持って家庭訪問するのがいいでしょう。

さらに、保護者とだけ話したい内容があるときは、面談が一段落したら先に生徒を外に出し、帰るなり部活に行くように指示したりもしました（生徒が不安がらないようかなり配慮が必要）。

特別支援学級の生徒で、協力学級になっている生徒との面談は、私は支援学級の担任と四者面談をしました。通知表が2枚あると思うので、所見にはクラスでの様子を丁寧に書きました。

幼い弟、妹を連れて来る場合もあります。私は、保育園の子どもでも読める絵本や、小学生でも読める本などを用意して、静かに待っていてもらいました。年齢が近くて生徒本人が聞かれたくなさそうだったら、廊下にいてもらいました。

昔のように、40人を2日で面談するとか、酔っぱらって来る保護者がいるとか、エアコンもない教室で汗だくで実施する（実話です。今では笑い話ですが）というようなことはないでしょうから、体調に気を付けてがんばってください。職員室では、学年主任や副担任の先生方が三者面談のスケジュール表を見ながら心配して待っていてくださいますので、終了したら必ず連絡してください。冷たいデザートが用意されているかもしれませんよ（笑）。

最後に、１、２年と違って3年の担任の先生の一学期三者面談は様相が異なります。３年は夏で部活を引退すると、いよいよ本格的な受験勉強が始まります。夏期講習に行く生徒も大勢いることでしょう。そのため、３年の三者面談は特別な意味を持つのです。そこで、３年担任の先生方へは別に項を設けましたので、「**第2章　中学3年の担任の仕事は『スペシャル』！**」も是非参照してください。

一学期最後の学活シナリオ

学活は40分間程度（?）なので、テキパキとポイントを押さえて話す必要があります。プログラムを黒板に書いたり、ボードや紙に書いて貼ったりすると、言い忘れ防止になるかもしれません（学活も授業と同じですから）。学活が40分間だと仮定してタイムスケジュールを組んでみました。

⑴はじめに（7分）

・大掃除の評価をする。忘れがちですが、みんながんばってやるはずなので環境美化委員は名指しで褒め、特にがんばった人の名前も具体的に言うと、いい雰囲気で始められます。

・終業式の校長先生の話の大事な点を復唱する。クイズ形式にするといいかも。いいお話をしてくださるはずなので、事前にクイズにすると言っておくと、ますます集中して聴くことでしょう。

・部活の夏の大会やコンクールの壮行会（生徒会主催で行われることが多いと思います）の様子を振り返る。1、2年は先輩の勇姿をしっかり見ているはずなので、3年のキャプテンたちは決意表明（全校の前ですることが多い）の様子を評価することがエネルギーに繋がります。企画・運営をした生徒会本部役員への評価も忘れずに。

⑵配布物（7分）

・プリント類、ＰＴＡ広報など（最終日でなくてもよいものは事前に配布済みがベター）
・生徒から回収した夏休みの目標を書いた「夏休み計画表」の返却（スタンプとか、ひと言コメントで励ますといいと思います）

⑶通知表渡し（10分）

三者面談で評価を知っている状態なので、そうざわつくことはないと思いますが、他人と見比べたり見せ合うことを強制しないことをはじめに言っておく必要があります。評価のことは三面のときに詳しく言ってあるので簡単に。再度押さえるべき所は次の2点です。
・関心・意欲・態度の「Ｃ」は二学期になくすこと（具体的方法は三者面談でアドバイス済みのはず）。
　そのためにも、夏休みの課題はきちんと出し切ること。
・次の二学期で、どの教科をどう上げていくのか目標を確認すること。
その他、出席状況・特別活動などを振り返ることや、**所見**をしっかり読んでおくこと（心を込めて書いたことを強調）も忘れずに。

⑷通信（15分）

通信は学校、学年、学級の順にポイントを押さえて説明します。
・学校通信（夏の大会の件など）
・学年通信（二学期当初の予定・お知らせ・始業式の持ち物など）

・学級通信（担任の先生が大事だと思うところ）

3年生の担任の先生は特に大切な学活ですので、「**第2章　中学3年の担任の仕事は『スペシャル』！**」の項を参照してください。

⑸ひとこと（1分）

・「40日間（？）元気で安全に楽しく過ごしてね！」

・「5つの車（救急車・パトカー・消防車・霊柩車・不審な車両）に（乗らないよう）気を付けて！」

…霊柩車は省いて、4つの車でもいいかも。

・「私物は完全に持ち帰ってね、スリッパも」

…机やロッカーなどは、大掃除までにきちんと片付いているはず。

・「何かあったら学校の私に連絡しなさい」

…土日と夕方6時以降は電話は通じない（たぶん多くの自治体がそうなっていると思いますが…）ことを伝える。間違っても担任のスマホの電話番号を教えたりしないこと。全て学校を通させるべきです。たとえ厚意からであってもプライバシーは大切にすべき。何より生徒のためにならないと考えます。

・「始業式には全員元気で再会しましょう！いつも君たちのことを思っています」

⑹放課後（部活後）

・教室の整備（ゴミ捨て、黒板、ラーフルクリーナー、生徒の机の中及びロッカーの確認）をする。
・黒板に始業式の日のスケジュールなど書いたら、完全に施錠する。

部活の夏の大会の準備もあるのでこの日にすぐやるのは難しいかもしれませんが、これらを済ませておくと気分もすっきり切り替えられます。

家庭訪問で私物を持って行く必要のある人がいたら（最近は必ずといっていいほど複数いたりしますね）、生徒も保護者も終業式の日を意識していますので、保護者に渡せる時間に家庭訪問できるといいと思います。一学期ラストのこの日は、不登校の生徒にとって一区切りついて心の中に少し余裕が生まれる日でもあるので、できればこの日のうちに済ませましょう。遅くなると大変ですが、ポストインは絶対に不可！（通知表でなくても）。当たり前のことです。

一学期、本当にお疲れ様～！　忙しいけど、一応夏休み！　今夜のディナーのビールはきっと美味い！（笑）

釈迦に説法シリーズNo.6

二学期最初の学活シナリオ

最近だったら、８月の最終週にはもう二学期開始ですね。エアコンは効いていても廊下は暑いし、部活も暑いし、大変なときですが、始業式の日にきちんと勇気を出して登校してきた生徒たちを褒める思いで（昔なら当たり前のことが、今は実は当たり前ではないのです）、ポジティブな時間にしたいですね。

1．朝学活（10分）

朝学活を終えたら大掃除、伝達表彰、始業式、生徒指導部や生徒会からの連絡事項があります。

①挨拶（号令かけさせて大きな声で「おはよう」と言う）

②出席、欠席について確認

やむを得ない事情での欠席もあると思いますが、みんな元気なら喜ぼう！　きっと身長がすごく伸びている生徒や真っ黒な顔の生徒がいるので笑いを呼ぶかな。

③様子の確認

なければいいですが、服装や頭髪などは厳しめにチェックし、違反している生徒にはその日のうちに指導…というか、危ない予感の生徒には休み中にコンタクトを取ること。普通の生徒でも休みの最後の日に黒染めすることがあります。わざとらしくなく、かつ自然に近況を把握するのは至難の業ですが、生徒のほうは意外に好意的に捉えてくれる場合が多いです。気にかけてもらえるのは誰でも嬉しいのかな。

④その日のスケジュール確認

部活終了及び最終下校時間の連絡…変則なので生徒は知りたがります。

⑤伝達表彰のある人への連絡

始業式に先駆けて、部活の夏の大会やコンクール、校外の試合などの表彰がある場合が多いと思います。事前に伝えておかないと生徒に恥をかかせることになりかねません。

⑥始業式での校長先生の話について

事前に「校長先生の話の内容について、後で質問するからね！」と伝えておく。

2．学活（40分程度）

プログラムをあらかじめ板書したり、ボードに書いておいたらいいかも。

⑴縦割りの活動

学校によりますが、体育大会の取組の一環として縦割りの活動がある場合があります。3年生が来て、ニュースを配り、結団式の集合や内容に関して説明してくれたりします。終わったら、決意を込めて大きな拍手で見送りましょう！

⑵提出物集めと移動（教科係が指定場所に持って行くこと）

これをいかに早くできるよう指示するかで、短い時間の学活が充実するかどうか決まるかも。給食台まで使ってどこに何を出すか、係は誰かをあらかじめきちんと指示。ただし、テストの日に提出分もあるので、意外に少ないかも。

⑶始業式の態度評価や校長先生のお話のクイズなど

⑷二学期への担任の思いを伝える

簡潔に箇条書きで、プリントを見ずに生徒が覚えられるように語りましょう。

⑸次の日からの連絡

学校通信→学年通信→学級通信を使って説明します。

①二学期のスケジュールを確認

②夏休みの課題提出を徹底

二学期の成績に大きく関係するので、マイナスからのスタートはダメ！　当然、未提出者への指導もします。自分の経験から言うと、未提出指導は教科担当中心ではなく、学年を挙げて取り組みました。データを出して、1つでも期限に間に合っていない生徒は1つの教室に集めて、学年の教師全員で指導しました。指導内容は次の通りです。なかなかに手強かったですが、次第に減っていきます。「提出物は出して当たり前」という思想は徹底できたと思います。

・提出物は何のためにあるのか

・提出物を出し切ることの意味は何か

・先生たちの願い
・各担任の先生に各自の目標を伝える（いつまでに出すのか、いつなら出せるのか）
その後、約束が守られているか、各教科担当と各担任が協力してチェックする。この取組は、ゴールデンウィーク明けを含め、長期休暇明け及び定期テスト時に年８回実施しました。

③夏休み課題確認テストについての説明
テストの日に課題を提出。日程・時間割連絡。二学期の成績に大きく入る！

④持ち物についての確認
・体育大会まで毎日体操服・ムカデの人は長ジャージ・多めのお茶・タオル必要！
・お弁当必要な日の連絡（体育大会・予備日とか）
・発育測定のため体操服（メガネ）必要
・授業の準備物絶対忘れない！

⑤体育大会の係、会議などについての連絡

⑥掃除・給食分担の確認

(6)結団式について
学校によっては、体育大会のブロックごとに最初の集会が実施される場合が多いです。
・体育大会に向けて大事な集会であること
・集合場所や並び方の確認

・**早く集合（私語は厳禁。下級生が遅れることがあってはならない）**
・競技リーダーはひとこと言うかも（準備しておく）
・結団式後3年生から何か連絡あるかも（聞き逃さない）

⑺放課後

結団式（20分）↓**更衣**↓**お弁当**↓部活

二学期の最初の日がスムーズに進むといいですね。担任として、楽しそうにお弁当を食べる生徒たちを見ながら、教室整備をします。話しかけてくる生徒もいるでしょう。次の日のスケジュールを板書しながら、まだまだ夏の強い日差しの中で、部活に元気に出かけていく生徒たちを見送った後の心地よい疲れ…。夏休みボケ？（それほどの休みはありませんが）していた自分自身の細胞が見る見る活性化していくのを実感する…教師の醍醐味！

釈迦に説法シリーズNo.7

二学期通知表の所見の書き方

体育大会、合唱コンクールなど、ほとんどの学校が大きな学校行事がある二学期でしたね。また職場体験、福祉体験などもありましたね。修学旅行がスキーなら、実行委員会も発足して、リーダー指導担当の先生は、もう目の回る忙しさでしょう。沖縄が修学旅行の学校は、沖縄についての学習がスタートする頃です。そういう中でも所見の〆切は来ます（笑）。担任の先生方、本当にお疲れ様です。

一学期の所見の書き方は以前お知らせしましたが、二学期は期間も長く生徒の活動も多いのでまた違った面があります。担任にとって一学期よりは時間に余裕のある場合が多いですが、やはりかなりの時間を要するしんどい（？）作業でありますので、なるべく短時間で入力しやすい方法をまとめてみました。時間短縮を図りながら、あくまでも生徒がきちんと二学期を振り返り、三学期、残された日々をがんばるエネルギーが湧くような所見を目指したいものです。

⑴一学期に作成した個人データに書き足す

材料は、名票にメモして溜めていき、一気に入力するのも一つの方法ですが、表彰の件などはお知らせが回って来次第、順次入力していくとミスがなく効率的だと思います。

・第○次班班長、副班長、各クラス班長長、学年班長会長
・生徒会本部役員（役職まで記入）↓例：生徒会本部役員（副会長）
・学級委員や議長など、日常的にがんばっている生徒の様子
・委員や係（後期分）は一覧表があるはず
・体験学習の実行委員＋班の役割分担一覧（一覧表があるはず）
・部活動一覧（生徒名簿に一覧表あり。転部や退部の情報も付記）

例：氏名（バスケットボール↓美術）転部

・校外の活動（野球、サッカー、習い事など）の把握（知られていないと生徒は寂しがる）

・体育大会や合唱コンクールの係（どちらも一覧表があるはず）

・大会・コンクールなどの表彰（管理職から一覧が出るはず）

⑵所見欄に次の項目だけ入力して全員分をコピー

クラスでは　第○次班班長を務め　体験学習では、係としてがんばり責任を果たした

学習面では　部活動では　体育大会では　合唱コンクールでは　三学期は

⑶人によって不要なものは削除し、必要なことや強調したいことを付け加える

学習面は成績が出てからのほうがいいと思うので、後回しにします。

⑷三学期はのところは、具体的に目標を提示

文字数の制限もありますが、なるべく具体的に意欲の湧く目標を提示すると、生徒も保護者も安心すると思います。

⑸所見は２１０字程度にまとめる

それぞれの学校の通知表の様式によって変わりますが、大体２１０字程度でいいと思います。一学期よ

り多くなりがちですが、フォントを変えれば枠に入ります。２１０字を超えると、文字が小さくなりすぎて読みにくいと思います。多く書けばいいというものではないので、生徒の状況に応じて焦点を絞って書くのがいいと思います。ただし、何度も言いますがあまり字数に差がないように（所見を見せ合う生徒もいるので）。

■例文（２３４字）

クラスでは、学級委員として体育大会や合唱コンクールの取組の中心になり、班長をよく指導した。また、ブロックの代表として他学年と協力してがんばった。職場体験学習では、保育園で活発に活動し、グループのリーダーの責任を果たした。学習面では、積極的に発言にも取り組んで大きな成果を上げた。部活動でも、チームメートとともに熱心に活動している。体育大会では、大縄リーダーを務め、合唱コンクールでは、パートリーダーとしてがんばった。三学期も学業と両立して自主活動にもがんばろう。

この生徒はリーダーで活躍の場が多く書くことには困りませんが、実際はそうではない生徒のほうが多いと思います。生徒の様子をよく見て、材料をたくさん集めておくことが必要ですが、取り上げることの少ない生徒に対しては、性格について言及することもあります。例えば「掲示物の補修をするなど、目立たない所でクラスのために自主的に行動する姿が見られた」とか「元気のないクラスメートによく声をかけていることがあった」とか「部活動でレギュラーではないが、下級生の指導をがんばっており部員から信頼されている」など、いかにアンテナを張っているかが問われるところです。生徒の日常の何気ない会話や職員室での先生方の会話から出た話題、休み時間の様子など、敏感にインプットしておきたいですね。担任が生徒のことをよく知っていることは生徒理解に役立ち、ひいては生徒のためになると私は思います。

また、注意したいことも書きたいでしょうが、そのときは充分言葉を選んでください。指導済みのことを所見で再度注意しても意味がありません。しばらくしてから読んでも生徒にエネルギーを与えられるようなポジティブな内容にすることが大切です。どんな生徒にも評価できる点が1つはあるはずだと私は思います。もし、どうしても思い当たらなかったら、こうあってほしいという目標や理想を書いてみたらどうでしょうか。注意することをいくつも並べるより、ずっと生徒の心に響くと私は思います。

釈迦に説法シリーズNo.8

二学期三者面談シナリオ

さて、最も長かった二学期も終盤に近づき、疲れも頂点に来ていることと思いますが、年末のこの時期を乗り越えると、今年1年がどうであれ新しい年がやってきます。そういう意味では、けじめの付く二学期制もいいかもしれません。無理やりにでも今年にケリを付けるのです。その、地面を踏み込む反動で、新しい年へとジャンプしていきましょう。その年最後の試練の1つが二学期の三者面談です。

前回の三者面談シナリオでも述べましたが、1、2年と違って、3年の担任の先生のこの時期の三者面談は様相が異なります。3年生は進路相談の三者面談も終え、ほぼ進路希望が決定しています。というより、私学志向の今日、既に一部の私立高校の推薦入試は終わっている場合もあります。進路志望決定書の提出も、本来なら終了し、私立高校の願書を手渡しするのが二学期の終業式の日です。つまり、３年生にとって二学期の三者面談は、１、２年と同様の内容にプラスして、進路決定を確認する日ということになります。この項では詳しく述べられませんので、改めて後の「**第２章　中学３年の担任の仕事は『スペシャル』！**」を参照してください。

(1)個人カルテに書き加える

三面シナリオに入る前に、まずその材料となる「個人カルテ」の一学期分に二学期分を書き加える必要があります。年度で２回目、及び最後の三面に向けてＡ４ノートに次のように書き加えました（保護者は、担任が持つきちんとインデックスのついたノートのタイトルを見るだけで安心するものです。もちろんファイルでもＯＫですが、書き込んでいる様子が察せられるとなおベターなので）。これまたはこれに準ずるものは、既に作成済みのはずですよね。

左ページ　・氏名
　　　　　・部活
　　　　　・素点表のコピー（二学期、三学期分は上に貼る）
右ページ　・「教育相談アンケート」で気になること
　　　　　・二者面談で話したこと

・取組や行事でがんばったことや様子
・三面までに保護者と連絡を取り合ったことの簡単なメモ
・今までに生徒が関わった生指事象や指導した内容と経過
・三者面談で話そうと思っていることのメモ

1年なら見開き2ページで充分間に合います。3年なら4ページ。進路情報が必要です。成績だけでなく、オープンキャンパスの出席情報、進路希望届けのメモ（変化がわかるもの）も必要です。3年は規定の別様式を進学主任が出してくれる場合もありますが、それとは別にメモも必要です。

先にも述べましたが、体育大会の結果とか表彰されたこと、各種検定試験の結果などは、お知らせプリントが出る際にすぐ入力し、このノートにもメモっておくと大変便利で、三面を「褒める言葉」から始められます。

⑵三者面談に持って行くもの

・個人カルテ（素点表のコピー含む。直前に実施されるマラソン大会の結果などをメモっておき、会話の最初に入れると、生徒も保護者も「よく知ってくれている」と好印象で三面が始められます）
・通知表の仮打ち出し用＋「通知表の見方プリント」＋教科「観点別表」
・教科のコメント集
・生徒本人が書いた「テスト勉強計画表」「テスト反省アンケート」

・保健のカード（二学期はないかも）
・冬休みの課題一覧表（再度印刷して保護者に見てもらう。冬休み明けに実施する「冬休み明け課題確認テスト」についても、保護者の前で強調しておく。また、三学期の成績は、12月の授業の分から冬休み課題確認テストも含むことを伝える）
・冬休みの部活動一覧表（再度印刷して保護者にも見てもらう）
・冬の勉強会の招待状（学年としては冬休みは実施しない場合が多いので、担任として必要だと思われる対象者に担任の責任で行う。1月の始業式直前が有効。半日でもやっておくとスタートがスムーズ）
・体育大会や合唱コンクールの結果（生徒の感想などが載った号が入った学級通信。学級通信をあまり見ていない保護者もいるので、宣伝効果大！）

他に筆記具や自分のお茶、鏡、ハンカチ、ティッシュ、スマホ、口臭予防スプレー（笑）などを用意しておくと便利です。1日分ずつ、生徒ごとにまとめておくとよりベターかな。

⑶三者面談シナリオ

①まず、やはり労をねぎらう

「寒い中…」「暗い中…」「年末の忙しいときにお仕事を調整して頂いて…」など。少しでも待たせたら丁寧に謝罪。

②体調について尋ねる

「ケガ（病気）の具合はどう？」「マラソン大会がんばったね！」など

③面談のプログラムを簡単に伝える

④生活について

・プラスのエピソード（体育大会、合唱コンクール、校外学習、体験学習、班長会総会、日常の係や掃除、給食の様子、ボランティアへの参加など）を、できるだけ具体的に。担任と話した会話などを伝えるのもいいかも。

・注意点を伝える。「ご家庭ではどうですか？」などと言って、家での様子を保護者に話させる（話したがっている保護者は何となくわかるので、欲求不満にさせないため）。２回目なので、事前にたくさん話されると予想される人の次は空けておく。指導済みのことはあえて言わなくてもＯＫ。マイナス面は、成績の連絡など言うべきことが終わった時点で付け加えるようにする。

⑤部活について

・出席状況など、心配な場合は事前に顧問に聞いておく。

・新人大会やコンクール、小６体験のときの活躍など。

・校外のサッカーや野球など、冬の遠征の様子などを聞く（担任に知られていないと寂しいものです）。

⑥成績について

・「素点表」を回収し、中間テストから期末テストへの変化や平均点との差を指摘する。一学期との相違点（上がり下がり）については、１年の一学期の中間テストは平均点が高い場合が多いので、フラットには比較できない。「テスト反省アンケート」や「テスト勉強計画表」と併せて見てもらうと効果的（生徒本人が自分の学習状況を書いているから、ここでしっかり押さえておくと評価が下がっていても理解と納得が早い）。

・素点表を開いたままにして「通知表仮打ち出し用コピー」（所見などが入っていないもの）と「評価の観点のプリント」を併せて見てもらい、少し時間を取って感想を言ってもらう。**関心・意欲・態度の「C」には注意させる**（Cの多い生徒や1の評価のある生徒については、教科担当に取材しておき、一学期から下がった生徒に関しては、その理由を教科担当に聞いておく）。２段階の変化も同様（特に２段階ダウンは要注意！）。未提出指導を受けていた生徒への注意と励ましも必要。

・「教科のコメント集」（なぜその評価がついたのか）から各教科の先生方のコメント）を紹介します。Cの理由を明確に告げ、そのことについて質問があれば聞いておき、後日担当の先生に尋ねて答えると伝える。

・三学期の目標を考えさせる（どこをどうがんばっていくのか具体的に）。まずは、冬休み課題を完璧に出し切ることと、冬休み課題確認テストが三学期早々にあることを伝え、それが三学期の成績に直結すると説明しておく。

⑦冬休みの過ごし方について

・「冬休み課題一覧表」を見せて、保護者にも課題の内容を知っておいてもらう。

・冬休みの予定（部活、校外の活動、家庭のスケジュールなど）を尋ねる。

⑧三学期に向けての言葉

例えば「終業式までしっかりがんばろう！」「今の授業の内容は、そのまま三学期のテスト範囲です。三学期はあっという間に終わってしまうから、1日1日を大切にね！」「年頭には心機一転、気持ちも新たにいっしょにがんばろう！」などと、明るいトーンで挨拶して終わり！　お疲れ様です！　暖房の効いた教室から出た廊下は暗くて寒いけど、心は温か〜い！

※ここで一言。

一学期の成績と違って、二学期の成績は範囲も多く、評価の数値が固定されがちであることを本人も保護者もわかっているので、一学期より変化も含めて詳しく伝える必要があります。納得すると次のエネルギーに繋がりやすいですが、納得が不充分だと諦めに走ってしまう場合もあるので、一学期より材料をきちんと集め、分析しておくことが大切です。落ち込む生徒には、こんな言い方をして励ましました。「三学期は期間も短いし、範囲も少なく、油断する時間もないくらいなので、失敗を取り戻すにはチャンスだよ！」と。

また、多くの学校では三学期は三者面談がありませんから、最後の三者面談になります。余裕があれば、高校進学の際の報告書に記載される学年の成績（成績としてはこれだけが残ること）の件や、ＰＴＡ役員の方にはお礼の言葉など伝えられるといいですね。私はよく「先生、あの事件どう思います？」とか、「年末にどんな本を読んだらいいですか？　子どもではなく私が」とか「嵐のコンサートに行くんですよ！　娘と二人で（私が嵐ファンだと子どもに聞いて知っている）」とか、面談後に世間話をしたりしました。生徒そっちのけで。「先生とお話しできるのが最後なので寂しいです。また参観日に授業を見に来ますね」という嬉しい言葉をかけられたこともありました。疲れがふっ飛びます。

暗い廊下を過ぎて職員室に戻ると、学年の先生方が用意してくれた熱々の肉まんが待っているかも。担任が三者面談の間、またそれまでの時間に、担任の先生が仕事しやすいように様々なフォローをしてくださっているはずです。学年の先生方に感謝を込めて終了の報告を。

釈迦に説法シリーズNo.9

二学期最後の学活シナリオ

最も長い期間で、内容豊富、忙しさも最高で、疲れ果てて二学期最後の日を迎えたものです。だからこそ、流されるように終わるのではなく、落ち着いて清冽に爽やかな時間にしたいものです。生徒にとってはもちろん、自分にとっても。学活は短時間（40分間程度？）なのでテキパキと、でもポイントを押さえて話す必要があります。プログラムを黒板に書いたり、ボードや紙に書いて貼ったりすると言い忘れ防止になるかもしれません（学活も授業と同じですから）。学活が40分間だと仮定してタイムスケジュールを組んでみました。

⑴はじめに（3分）

・大掃除の評価をする。忘れがちですが、環境美化委員は名指しで褒め、特にがんばった人の行動も例に挙げて言うと、いい雰囲気で始められます。掃除への取り組み方は、9ヶ月間の学級指導の集大成と言ってもよいことなので重要視します。例えば「このクラスが始まって9ヶ月過ぎたが、最初の日からずっと教室がキレイだった。掲示物にいたずらをする人もなく、教室整備の人がきちんと管理してくれた。1ヶ月やそこらなら、よくある話だが、9ヶ月続けてみんなはよくやった。これは、本当に素晴らしいことだと思う」などと言った後に「三学期もその調子で…」的なことは絶対に言わないこと。理由は、おわかりですね。このあたりの塩梅が本当に難しく、だからこそ面白い。

・終業式の校長先生の話の大事な点を復唱する。クイズ形式にするといいかも。生徒は2回目なので、事前に言っておかなくても重要点は頭に入れていると思います。

・部活の秋季大会（新人大会）や、各種コンクールの表彰などある場合が多いです。簡単にでも褒めてあげてください。

⑵配布物（6分）

・プリント類やPTA広報など、最終日でなくてもよいものは事前に配布してしまいたいのが担任の本音でしょう。そのあたりのことをわからない人が、自分の担当の仕事を早くやらず前日にクラス配布物BOXに大量のプリントを入れたりするのは本当にNG。

・生徒から回収した冬休みの目標を書いた「冬休み計画表」の返却（スタンプとか、ひと言コメントで励ますといいと思います）。年頭の決意などを書く欄があると思うので、後に学級通信に使えます。

ただし、個人情報には要注意。

⑶通知表渡し（15分）

今回も三者面談で評価を知っている状態なので、そうざわつくことはないと思います。他人と見比べたり見せ合うことを強制しないことをはじめに言っておく必要があります。三学期は評価を初めて見るので、そうはいかないかも。評価のことは詳しく三面で言ってあるので簡単に。再度押さえるべきところは次の2点です。

・関心・意欲・態度の「C」は三学期になくすこと（具体的方法は三者面談でアドバイス済みのはず）。そのためにも、冬休みの課題はきちんと出し切ること。夏休みほどたくさんの課題はないはず。「来年こそ、未提出指導を受けなくて済むようにがんばれ！」と付け加える。
・三学期は３ヶ月足らず。短い期間にどの教科をどう上げていくのか目標を確認すること。

その他、出席状況・特別活動などを振り返ることや、**所見**をしっかり読んでおくこと（心を込めて書いたことを強調）も忘れずに。

⑷通信（15分）

通信は学校、学年、学級の順に焦点を絞って説明します。
・学校通信（体育大会やコンクールの結果、冬休みの生活についてなど）
・学年通信（1月当初の予定、お知らせ、始業式の日の持ち物、冬課題テストなど）

・学級通信（担任の先生が大事だと思うところ）
3年生の担任の先生は特に大切な学活ですので、「**第2章　中学3年の担任の仕事は『スペシャル』！**」の項を参照してください。

⑸ひとこと（1分）

2週間と少し（？）の休みですが、世間は年末年始で何かと気ぜわしいものです。

「風邪を引かずに元気で安全に楽しく過ごしてね！」

「5つの車に気を付けて！」

「お年玉恐喝に合わないでね」

「私物は持ち帰ってね」…机・ロッカーなどは大掃除までにきちんと片付いているはず。

「家の大掃除も手伝おう」

「何かあったら学校の私に連絡しなさい」

…土日と夕方6時以降、年末年始は電話は通じないことを伝えます。たぶん多くの自治体がそうなっていると思いますが…。

「始業式には全員元気で再会しましょう！　いつも君たちのことを思っています。良いお年を！」

⑹放課後（部活後）

・教室の整備（ゴミ捨て、黒板、ラーフルクリーナー、生徒の机の中及びロッカーの確認）をする。

・黒板に始業式の日のスケジュールなど書いたら、完全に施錠する。

＊この日にすぐやるのは難しいかもしれませんが、これをやってしまうと気分もすっきり切り替わり、新しい年を迎えられます。

家庭訪問で私物を持って行く必要のある人がいたら（生徒も保護者も終業式を意識しています。不登校の生徒にとっては、年末はいつよりも区切りが付いて心機一転を考えることもあると思います）、この日のうちに済ませましょう。遅い時間は大変ですが、二学期ラストなので保護者に渡せる時間に家庭訪問できるといいと思います。当たり前ですが、ポストインは絶対不可！（通知表でなくても）。保護者の前で本人に手渡すのがベストです。それができたら嬉しいですね。

二学期本当にお疲れ様～！忙しいけど、一応冬休み！今夜のディナーのワインはきっと美味い！（笑）

ここまで来れば、三学期はアレンジＯＫだと思います。三学期は本当に短く、「２月ってあったっけ？」という言葉が、冗談抜きに職員室の会話に何度も出てきました。１月は往ぬる、２月は逃げる、３月は去る…とよく言いますが、本当にその通り。もたもたしていると１年はあっという間に過ぎてしまいます。それだけに、一つ一つのことをきちんとやりきってけじめをつけていくことが大切です。

特に、３年生の三学期は本当に早い！始まった途端に私立高校の一部は入試本番です。最後の定期テスト、公立高校入試…と進学主任のリードのもと事務処理等をやっているうちに、すぐ卒業式です。

卒業式の日の最後の学活での３年担任の言葉は、その担任の先生の個性を活かして自分だけの時間を作ってほしいと思います。「この日のために中学校の教師をやってきたようなもの」と、よく私たちは職場で言っていました。そんな日のシナリオはおこがましいので提示しません。生徒の中には、自分たちが企画したプログラムを持ってあらかじめ準備している場合もありますから、終了時間をはみ出さないためにも「何分間担任にくれるのか？」と学級委員などに前もって聞いておくとよいでしょう。初めてで思いつかなかったら、どうか職場の先輩方に聞いてみてください。エピソードを挟んで嬉々として教えてくれるはずです。

私は、最後の学活の1つ前の時間に「1年間の軌跡」を一人一人に渡していました。内容は、生徒一人一人が1年間に学活・道徳などの時間に書いたもの（1ページ目は「1年間の抱負作文」です。その他各種アンケート、各学期の総括アンケート、道徳のワークシートなど）、学級通信ダイジェスト版（取組や行事後の生徒の感想が多く書かれているもの）などです。表紙は、クラスの美術部員やイラストの上手な生徒に頼みます。一人一人中身が異なるので最後に1年間を振り返り、心を込めて表紙に生徒の氏名を書き入れます。

このホチキス留めが終わる頃になると、心の中に一つの区切りが出来、新しいエネルギーが湧き始めてくるのを感じるものでした。

第2章

中学3年の担任の仕事は『スペシャル』！

(1) はじめに

前の項で卒業式の日の最後の学活について少し述べましたが、中学3年の担任業務は特別です。スペシャルです。苦労もスペシャル、喜びもスペシャル！ですので、特別にこの項を設けました。

中学校の担任を何年もしてきましたが、それでもやはり3年の担任というのは特別なものです。全校のリーダーとしての役割を果たせるような指導が必要で、また人生の岐路と言ってはおおげさですが、進路に向かう受験指導に対して失敗は許されないだけに、かなりの緊張を強いられます。けれど、教師側の意図を察することのできる大人な生徒が大半であるため、それで相殺できる爽やかな（？）プレッシャーです。

そうは言っても3年の担当の先生方の緊張度は計り知れないものがあるはずです。7月を過ぎると、生徒たちは部活も引退して、オープンキャンパスや夏期講習へと、受験生の生活に突入していきます。その直前の三者面談は、1、2年とは違って、進路のことを深く掘り下げて準備しなくてはなりません。受験生としての夏休みの過ごし方など、本人も保護者も今まで以上に聞きたがっていることでしょう。また、(時には邪魔にもなる）塾からの指導もいっぱい入る時期で、塾の三者面談もあるでしょう。中学校の教師としての面子にかけても、適切な指導をしたいものです。そして、最後まで責任を持って指導するのは、塾の講師ではなく私たち中学校の教師であるということも、しっかり保護者に見せつけたいものです。

地域によって異なるとは思いますが、私のかつての勤務地域では2、3年前から「十五の春は泣かせない」（昭和30年代後半、京都府知事だった蜷川虎三がとなえたスローガンでしたが、このフレーズを知っている世代は本当に少なくなりましたね）という状況は一変しました。学校さえ選ばなければ、ほとんど誰でも公立高校へは進学できる状況になってしまいました。最終的には、誰も泣いていません。公立高校は、本当にどうなるのだろうと思いながら、時間が過ぎていきました。さすがに、今後は何らかの対策を講じてくるはずですし、揺れ戻しもあるかもしれませんが。

本来は3月の公立中期入試で合格すればそれでよし！ 寧ろそこまで踏ん張ってほしい！…と私個人は思いますが、どうやら世間は私学志向（授業料免除などの条件を出して生徒獲得に躍起なのは、少子化に歯止めがかからない社会情勢の中で、企業としての私立高校が生き抜いていく道なので理解できますが）で、公立前期選抜までが受験…などというイメージもなきにしもあらず（早くに合格が決まってホッとしたいという生徒や保護者が多いのも十分理解できますが）。

しかし、理想としては、最後まで希望を高く持って踏ん張って勉強をし続けてほしいと私は思います。入試前日の最後の授業まで、真剣に取り組んでほしいと思うのです。それが人生の中で重要な経験になると思うからです。受験は合格だけが目的ではなく、それに向けて歯を食いしばって努力する、そのこと自体が1つの目的だと思っています。人生においてそういう時期は必要だと私は思うのです。その苦しさを乗り越えることが、将来何らかの困難にぶち当たったとき（きっとそんなことは誰にでも起こりうるので）の課題解決にきっと役立つと思っています。

次にご紹介するのは、教師生活最後の十数回目の3年生を担任したときの記録です。卒業式を迎える数日前に思い立って書き始めました。私の実際の仕事を振り返り記録に残せば、これから同じ経験をする方々の反面教師ぐらいにはなれるかもしれないと思い、ペンを執ることにしたのです。

私が最後に3年担任をした学校のある地域は、人口7万数千人の地方都市、中学校は5校、本校は生徒数400名強、職員数約40名の学校です。状況は地域や学校規模によって大きく変わると思いますので、あくまでも1つの例として読み進めていただけたらと思います。

⑵進路実現に向けてのスケジュール（担任として。及び学活・総合担当、学年リーダー会指導担当として）

■4月
○学級開き
○二者面談
○全国学力・学習調査
○部活動春季大会
○家庭訪問
○学年の放課後補充学習開始
（1年時から低学力生徒を十数名ピックアップし、学年担当教師で分担して週に1回1時間程度数学と英語の補充教

・クラスの生徒の個人カルテを作成する。
・クラスの生徒の中から、2年時の成績一覧表をもとに、評定に「1」がある生徒、公立高校ボーダーの生徒をピックアップする（金銭的なことは、奨学金など補助制度が多々あるので、母子家庭でもあまり心配いらない）。
・二者面談を早々に持ち（学年同時に）、進路に関する希望を聞く（この時点では高すぎる希望でもそのまま受け止めるが、2年までの成績から、あまりに希望と実力のギャップがある生徒は要注意。全く考えていない生徒も要注意）。
・家庭訪問で進路に関して保護者の意向や家庭で話されていることを聞

室をしている）
○学年リーダー会発足
■５月
○進路学習開始
○進路希望調査開始
○中間テスト
○個別指導開始（担任がピックアップした数名をテスト期間中の部活中止の日に学校に呼びテスト勉強をさせる。高校入試直前まで続けた）
■６月
○プレ実力テスト
○進路説明会
○二者面談
○期末テスト

く。入試制度についての保護者の質問に答える。
・放課後の補充学習の対象者に伝え、入試までがんばろうと励ます。
・進路希望調査に向けて、今までの進路学習のまとめと、公立高校の入試制度について再度押さえる。
・６月から始まるオープンキャンパスに向けて「夏休みに最低３校は行く」ことを指示する。「学校公開・体験学習レポート」「オープンキャンパス出席計画カード」配布。
・中間テストに向けて、評定「１」の生徒と公立高校ボーダーの生徒には個別指導を始める。
・実力テスト対策を始める。
・進路説明会の資料等を使って私立高校についての学習のまとめをする。
＊奨学金関係の書類が進路説明会で保護者に配布されるが、かなり煩雑な内容であり、かつ重要であるので、担任は熟読する必要あり。

＊「3年用個人カルテ」の内容
1、2年の内容の上に次のものを貼付するスペースを作る（進学主任から規定のものは出される）。
○実力テスト素点表
○進路希望調査
○オープンキャンパス出席計画表と記録

■7月
○三者面談
○体育大会・合唱コンクールに向けての役割分担
○体育大会ブロックリーダー会を主催
○進路学習でオープンキャンパスの際の心構えを再度学習

・三者面談に向けて、進路希望に関して二者面談で本人の意思を詳しく聞き、今後の学習方法と到達目標を具体的にアドバイスする。
・期末テスト対策として、評定「1」を取らせないための個別指導を入れる（評定「1」がある生徒は公立高校に滑り込むより、比較的丁寧な指導をしてくれる私立高校のほうが向いている場合が多い。しかし、多くの私立高校は評定に「1」があると足切りに合う場合があるので注意する）。
・夏休み中のオープンキャンパス出席計画を立てさせ、3校出席する計画のない生徒には個別に指導する（「オープンキャンパス出席計画カード」の記録を見て確認する）。
・三者面談で、本人の意思と成績と高校のレベルとの関連を考える（この時点では、まだ本人の希望を重視する）。塾の夏期講習なども把握する。
・オープンキャンパスに関しては、私立専願の場合はもちろんのこと、併

○進路希望調査
願校にも行くように勧める。公立専門学科は必修。全て出席がチェックされている。

○夏季大会
・三者面談の際に、学年の補充学習の対象者に日程を連絡する。

○夏休み
・同じく三者面談の際に、個別指導を実施している生徒に夏休みの個別指導のスケジュール表を渡す。併せて夏休みの有意義な生活についてアドバイスする。

■８月

○全校リーダー会＋ブロックリーダー会
・学年補充教室（前半２回、後半２回）
・評定「1」のある生徒（塾に行っていない生徒）には個別指導をする（前半2回、後半3回実施した）。

○体育大会BB会開始
＊BB会～ブロック長・副ブロック長会議（学年全体で、体育大会に取り組むため定期的に打ち合わせをした）
・進路の問題は生徒指導上の問題とリンクする場合が多いと思われる。指導上心配な生徒と保護者に対して、夏休みは充分に話し込む機会と時間のあるチャンスと捉え、話し込んでおく。

【担任による学習個別指導について】

この対策について、私は強いこだわりを持っています。十数年前になりますが、校内暴力荒れ狂う学校に勤務していたとき、普段は授業もまとめに受けないやんちゃな生徒をクラスを問わず10人ほど呼んで、夏休みに数回補充学習を1人でしたことがあります。そういう生徒たちですから呼んでもほとんど来ないと思っていましたが、予想に反して毎回数名はやって来ました。たった1回2時間でしたが、彼らなりにがんばって勉強したのです。あまりに感動したので、最終日に小さな修了証を渡すと喜んで受け取って帰って行きました。彼らが二学期から急にがんばったかというと残念ながらそうではありませんが、そのとき私は思いました。「どんな生徒でも勉強がわかるようになりたいんだ」と。それからは長期休暇になると短時間でもクラスの低学力生徒（他クラスの生徒を呼ぶ場合は担任と相談の上）を呼んで個別指導をやるようになりました。私の受け持っていた部活が長期休暇中に練習が少なかったこともあり実現しましたが、時間的に不可能な場合もあるので推奨するわけではありません。私が言いたいのは、3年では特に、どんな生徒でも学習への思いはあるということです。

■9月

○進路希望調査

○実力テスト①

○毎日ブロックリーダー会

・オープンキャンパス計画表、学校公開レポート、オープンキャンパス出席記録カード提出

・スポーツ関係私立専願校中学校訪問解禁し、数名の生徒の第1志望校

○体育大会ＢＢ会
○体育大会

■10月

○合唱コンクール
○中間テスト
○実力テスト②
○進路検討会①
○学年指導①

から担当教諭来校、本人及び保護者と面談
・学校説明会出席指導
・実力テスト対策
・中間テスト対策
・三者面談に向けて二者面談（進路希望調査・定期テスト・実力テスト・オープンキャンパス出席等加味して）
・実力テスト対策
・進路履歴書配布→添削→清書（週末に配布し、報告書の資料にするので1年、２年の通知表を見て書いてくるよう指示、賞や級など取得年月日まで書くよう指示）
＊もちろん指導要録などで、担任は把握しているが、自分で自分の中学校生活を振り返り自覚を促すという意味で、本人に書かせる。

「すべり止め発言への指導」

進路希望が出そろう頃になると、「すべり止め」というワードが生徒たちの会話の中に聞こえてくるようになる。間髪入れず指導が必要。←

「その高校が誰かの第1志望校かもしれない。友情にひびが入るようなことは言うな！ 高校で人間の価値は計れない。」

「学力が高い人は、より高い目標に向かってがんばっているから、楽な人は1人もいない。しんどさはみんな同じ。だからこそみんなでがんばれる！」

■11月

○実力テスト③
○生徒会本部引き継ぎ式
○進路セミナー（高校の先生をお呼びしグループに分かれて講演会を持つ）
○進路検討会②
○進路三者面談
○期末テスト

・実力テスト対策
・三者面談→進路ほぼ決定？（最近はプレ倍率の発表等の影響で決定が遅くなった）
・公立前期選抜過去問配布
・昨年度の公立前期選抜受検報告書コピー配布
・願書の書き方指導→私立・公立前期願書下書き→添削→清書（二学期中に両方提出済みにする）
・私立高校の中には「登校準備体験」出席が必須の場合がある。また「入試問題学習会」への出席が必須の場合がある。しっかりチェックして、漏れのないように生徒と保護者に指示する。
・期末テスト対策

○学年指導②

・11月末頃推薦入試が終わってしまう私立高校があるので要注意（作文指導等必要）

全校生徒〇〇〇名　みんな仲間キャンペーン（３年Ｖｅｒ.）

【３年、信頼し、励まし合う仲間宣言】

人権週間の全校の取組の一環として、３年では受験期の仲間宣言をしました。前述の「クラス目標」を決めるときと同じテンポで班討議、学級会を経て、学年リーダー会でまとめました（ただし討議の指示はすべて生徒のリーダー会が担当しました）。自分の学年だけでなく、全校のリーダーとして、１、２年の見本になるような宣言を作成し、実行しようと提案しました。

＊内容の詳細は「**⑶受験に向けて学年で取り組むこと**」参照

以降卒業式まで、この宣言をもとに指導

■12月

○マラソン大会

○二学期末三者面談

○進路学習

・12月当初、進路希望状況（プレ倍率）新聞発表。参考にはなるが、希望的観測が多くあまりとらわれないほうがベター。しかし、ごく少数は結果的に進路変更。後で後悔したり再度迷ったりしないよう、進路

○自主ゼミ1月まで3回実施
○冬休み
○学年指導③

「自主ゼミ」の取組
学年リーダー会主催の学習の取組である。
・自分たちでチューター（小先生）を選出する。
・学習の時の小グループで希望教科を決める。
・クラスの枠を外して、希望した教科ごとに集まって自主的に学習する。
・生徒のチューターが質問に答えたり教えたりする。
・教科を変えて3回実施する。

変更を希望した生徒及び保護者には、丁寧に対処する。
・作文や小論文の特訓を2回実施（私は3年国語科担当なので）し、個別に2月中旬まで添削指導
・公立中期過去問配布
・進路学習「面接について」→面接シナリオ全員提出→添削→清書（各自ストックして練習）
・校長先生、教頭先生による面接練習開始
・三者面談→進路決定→進路確認用紙提出
・二学期までの（もしくは二学期の）成績で推薦専願資格が決まる私立高校があるので要注意。
・「十五の君へ」卒業式前日の自分への手紙を執筆→卒業式前日まで担任が保管
・冬休み1日目〜前期・後期学年リーダー会合同『受験と卒業前のスキルアップ研修会』20名参加（私はリーダー指導担当だったので企画しました）
内容・「3年信頼し励まし合う仲間宣言中間総括」
・三学期の学活の企画、運営について
・みんなで調理実習して交流会（集団活動スキルの獲得のため）

■１月
○学年末テスト
○私立入試開始
○「励まし言葉、日めくりカレンダープロジェクト」開始

■２月
○私立高校入試→合格発表
○公立高校前期選抜入試→合格発表

・冬休み中に各担任は、私立・公立報告書（活動実績報告書含む）入力完成
・冬休み中、ボーダーの生徒の個別勉強会３回実施
・３年の三学期は本当に早く過ぎてしまう。極端に忙しいことが周知のごとくなので、１月末の定期テスト（最終回）などは、冬休み中に作成してしまう。
・始業式の日、私立高校願書清書（受験料振り込み証明書含む）提出
・公立前期選抜願書清書
・校長先生による面接練習
・担任によるグループ面接練習、面接のある生徒28名全員を５回に分けて実施＋さらに心配な生徒４名個別面接練習実施
・公立高校前期選抜出願状況（倍率）新聞発表
（３名進路変更→併願の私立高校進学。１名公立高校中期選抜第２順位の高校を急遽変更）
・「最後の授業、お礼のカードプロジェクト」開始

○公立高校中期選抜入試願書提出
○「体調を万全に」保健指導

■3月
○公立中期選抜入試
○3年生を送る会
○学年指導④

「卒業week」の取組
○卒業式
○公立中期選抜合格発表

・「答辞に入れたい言葉」アンケート実施→答辞作成指導開始
・「3年生を送る会」へのお礼「新3年、新2年へのメッセージカード」作成

・進路学習「入試直前指導」2回実施
・最後の入試直前指導
・「後輩たちへ贈る言葉」アンケート

・「保護者への一筆啓上」執筆
・最後の学年集会
・卒業式後最後の学活

⑶受験に向けて学年で取り組むこと

受験（受検）は確かに個人的なものではありますが、おそらく生徒たちにとって生まれて初めての試練とも言えるこの一大イベントを、クラスメートや学年の仲間とともに一緒に乗り越えていってほしいと願っています。なぜなら、繰り返しになりますが、受験は合格だけが目的ではなく、それに向けて努力すること、根性で乗り越えていくこと、その経験が、後々の人生の中で大きな意味を持ってくると思うから

です。

私事ですが、高校受験のときは、人生の中でこんなにしんどいことはもうないだろうと思っていました。しかし、大学受験のときには、高校受験なんて今から思えばチョロいもんだった。大学受験が人生最大の困難だと思いました。そして、教員採用試験のときには、大学受験なんて…とやはり思ったのでした（笑）。

生きていると、将来必ず様々な問題にぶち当たります。何にもない終始凪のような人生を過ごして一生を終える人は、果たしているでしょうか。困難な状況を分析し、解決方法を考え、実際に行動する。途中でうまくいかなかったら、他の方法を考え、くじけず実行する。そういうスキルを学ぶ機会の１つが受験ではないかと思うのです。

また、人間はよく言われるように１人では生きていけません。社会的動物である人間は、必ず仲間とともに生きています。どんなに孤独な人でも、仲間を求める気持ちがゼロだとは言えません。だから、苦しいことも１人ではなく仲間とともに乗り越えていくのです。仲間とだったら、乗り越えていけるのです。より大きな困難にもチャレンジできるのです。私はそう思います。

そういうスタンスに立って、特別活動や学活、リーダー指導を担当していた私は、学年の先生たちと一緒に次のような取組を受験真っ只中の時期に行ったのです。

学年指導①「すべり止め発言への指導」

学年の仲間を大切にしながら受験期を乗り越えようと思えば、互いの学力や志望校の違いと個性を認め合い、互いに理解し合うことが必要です。つまり学力の違いや志望校の偏差値を超えたところで助け合うことが必要です。友達に勉強を教えられる人は教えてあげる。わからない人は友達に「教えて」と頼める。…そういう関係を構築していきたいと思います。

社会に出れば様々な人がいて、その中で生きていくことになります。自分の価値観だけで人を判断するような考えを持ってしまうことは、将来に向けて人間的に大きな欠点となります。その指導のとっかかりとして、まずこのワードに敏感に対処することが大切です。

学年指導②「**3年、信頼し、励まし合う仲間宣言**」

この指導に取り組んだ理由と経過は前述しました。「**すべり止め発言への指導**」の発展形として、生徒自身が討論して昇華させたものがこの宣言です。それ以降、卒業まで、生徒たちは常にこの宣言を意識し、苦しく辛い受験期を、みんなで助け合って乗り越えていったと私は思っています。自分が合格した後も、欠席したり私語をしたり、勝手な行動をする生徒がいなかった上に、最後の授業までみんなで必死に学ぶことができたのは、本当にレベルの高い集団に育ったと思います。そんな生徒たちと最後の3年担任の日々を過ごせたことを、彼らに心から感謝しています。

〈3年、信頼し、励まし合う仲間宣言〉

・お互いに教え合いがんばる。

・お互いの気持ちを理解し、助け合い協力し合う。

・受験生としての自覚を持ち、一日一日を大切にする。

〈してはいけないこと〉

・進路に関してのネガティブ発言をしない。
・休み時間も勉強している人の邪魔をしない。
・仲間の進路や高校について勝手なことを言わない。

〈すること〉

・最後の授業まで集中し、しっかり学ぶ。
・自分の役割はしっかり果たし、フォローし合う。
・合格しても仲間の気持ちを考えて行動する。

学年指導③**「自主ゼミ」の取組**

小グループ（4人）学習の発展形として取り組みました。1年時から、小グループを基礎とした自主学習に取り組んでいました。グループごとに教科の希望を取って、クラスの枠を取り去って各教科ごとの教室に集まって学習するというのが、それまでの取組でした。教えるのは教師です。この時点では、自分たちで教科を決めて学習するというのが獲得目標でした。「自分たちで決めて自分たちでがんばる」経験の1つです。3年なので、最も必要だと感じる「学習」という分野でのアレンジです。

そして、3年の12月から1月にかけて、さらに発展させた取組が今回の**「自主ゼミ」**の取組です。今回は教師が教えるのではなく、学年リーダー会が推薦した生徒がチューターを務めました。チューターへの折衝もリーダー会が務めました。名誉あるチューターを頼まれた生徒たちは、しっかり予習して自分のいる教科の教室に集まってきた仲間に必死で教えていました。計3回実施しましたが、回を追うごとにチューターが上手に教えられるようになっているのがわかりました。もしかしたら一番必死に勉強したのは、そのチューターたちなのかもしれません。それ以降最後の入試まで、放課後も自主的に居残って、友達に勉強を教えている彼らの姿を何度も見ることになりました。

学年指導④**「卒業ｗｅｅｋ」の取組**

「答辞に入れたい言葉」アンケート

答辞に入れたい言葉を3年全員で考えます。そのアンケートを元に卒業生代表が文章を作成し、卒業式で発表します。3年の生徒たちは、その言葉の中に自分が書いた言葉を見つけて感動することでしょう。「答辞」も3年全員で作成する。「答辞」は3年全員の言葉…それがこの取組のステイタスです。

「後輩たちへ贈る言葉」アンケート

教師の百の言葉より、先輩の言葉のほうが後輩の心に響きます。すべての生徒が教師になるわけではありませんが、100%生徒は先輩（3年）にはなるからです。3年生の言葉に、自分の明日を見るのです。本当に身近な教訓となるのが、先輩の言葉だと思っています。このアンケートは春休み中に私がまとめて、次の年度の最初の学活で、新３年、新２年が学習しました。

「保護者への一筆啓上」執筆

いろいろな事情のある家庭もあるので、アンケートには「父へ」「母へ」という書き方はしていません。「おばあちゃんでも、お姉ちゃんでもいいよ」と指示します。もちろん提出を無理強いは絶対にしません。思春期真っ只中の彼らですが、卒業というこの機会に、日頃は素直になれない保護者に対しても、大人としての対応がある程度できるようになります。それを書きながら、また一歩大人になってくれるのではないかと思うのです。卒業式の当日、会場で子どもたちの入場を待つ間に、保護者のみなさんはこれを読んで、どのような思いを持たれるでしょうか…。

⑷おわりに

先にも述べた通り、私が思う「嬉しい卒業生の様子」は、早く高校生活に慣れて、中学校のことなど思い出さない、中学校には来ない、担任の名前も教科担任の名前も忘れる…そういう高校生になってほしいと思っています。私たちが言ってきたこと、教えたことは覚えているが、はじめから知っていたかのように彼らの血となり肉となっていて、自分の力で獲得してきたように思っているのが理想です。高校生活が楽しすぎて過去を振り返っていられないほど、充実した日々を送ってほしいと心から祈るばかりです。

最後にこの章で説明した「資料」についてまとめてみました。

3年　面接練習シナリオ

1，本校を志望する理由を述べなさい。

2，本校までの通学手段と時間を答えなさい。

3，オープンキャンパスで印象に残ったことを述べなさい。

4，本校では部活動にはいろうと思っていますか。

5，本校の教育課程について印象に残っていることを述べなさい。

6，本校の卒業後はどのような進路を目標にしていますか。

7，中学校で最も印象に残ったことは何ですか。

8，中学校の部活動や校外の活動で最も印象に残ったことは何ですか。

9，得意な教科、好きな教科とその理由を述べなさい。

10，不得意な教科、苦手な教科とその克服のためにがんばったことを述べなさい。

11，最近読書した本で印象に残っている本の名前と作者を答えなさい。

12，最近のニュースで印象に残ったことを述べなさい。

13，中学校でのボランティア活動について述べなさい。

14，尊敬する人は誰ですか。

15，座右の銘は何ですか。

16，校長先生と３年の担任の先生の名前をフルネームで答えなさい。

17，自分の長所と短所を答えなさい。

18，その他アピールしたいことを述べなさい。

みんなの実力と誠意が高校側に的確に伝わりますように！

【資料 1】面接シナリオ

3年　前期・後期学年リーダー会合同
受験と卒業前のスキルアップ研修会レジュメ

1，目的

○前期・後期学年リーダー会のメンバーで、来年受験と卒業を迎える学年運営について考える。
○「励まし言葉日めくりカレンダープロジェクト」始動の日とする。
○「最後の授業お礼のメッセージカードプロジェクト」始動の日とする。
○リーダー同士の交流を深め、次のエネルギーを生み出す場とする。

2，日時　１２月２３日(金)　９：３０〜１２：１０

3，場所　調理室

4，持ち物

筆記具、お茶、買い出しの費用１５０円、カレースプーン、フルーツフォーク
お箸、自分が食べたい量のご飯(電子レンジにかけられる入れ物に入れて持ってくる。)
手拭き、エプロン　　以上、必ず必要

5，プログラム

①９：３０〜１０：３０　３学期に向けての学習会
- ■３学期卒業までのスケジュール
- ■『3年、信頼し合い、励まし合う仲間応援』中間総括
- ■「励まし言葉日めくりカレンダープロジェクト」について
- ■「最後の授業お礼のメッセージカードプロジェクト」について
- ■最後の学活の企画・運営について
- ■前期・後期学級委員から意見交換

②１０：３０〜１０：４５　買い物の役割分担、調理の役割分担決め

③１０：４５〜１１：１０　みんなでCoopへ買い物に行く

④１１：１０〜１１：３０　調理実習

⑤１１：３０〜１２：００　みんなで会食→きれいに片付け

⑥１２：００〜１２：１０　元生徒会本部役員からまとめの意見交換

memo、

【資料 3】前期・後期学年リーダー会合同
受験と卒業前のスキルアップ研修会レジュメ

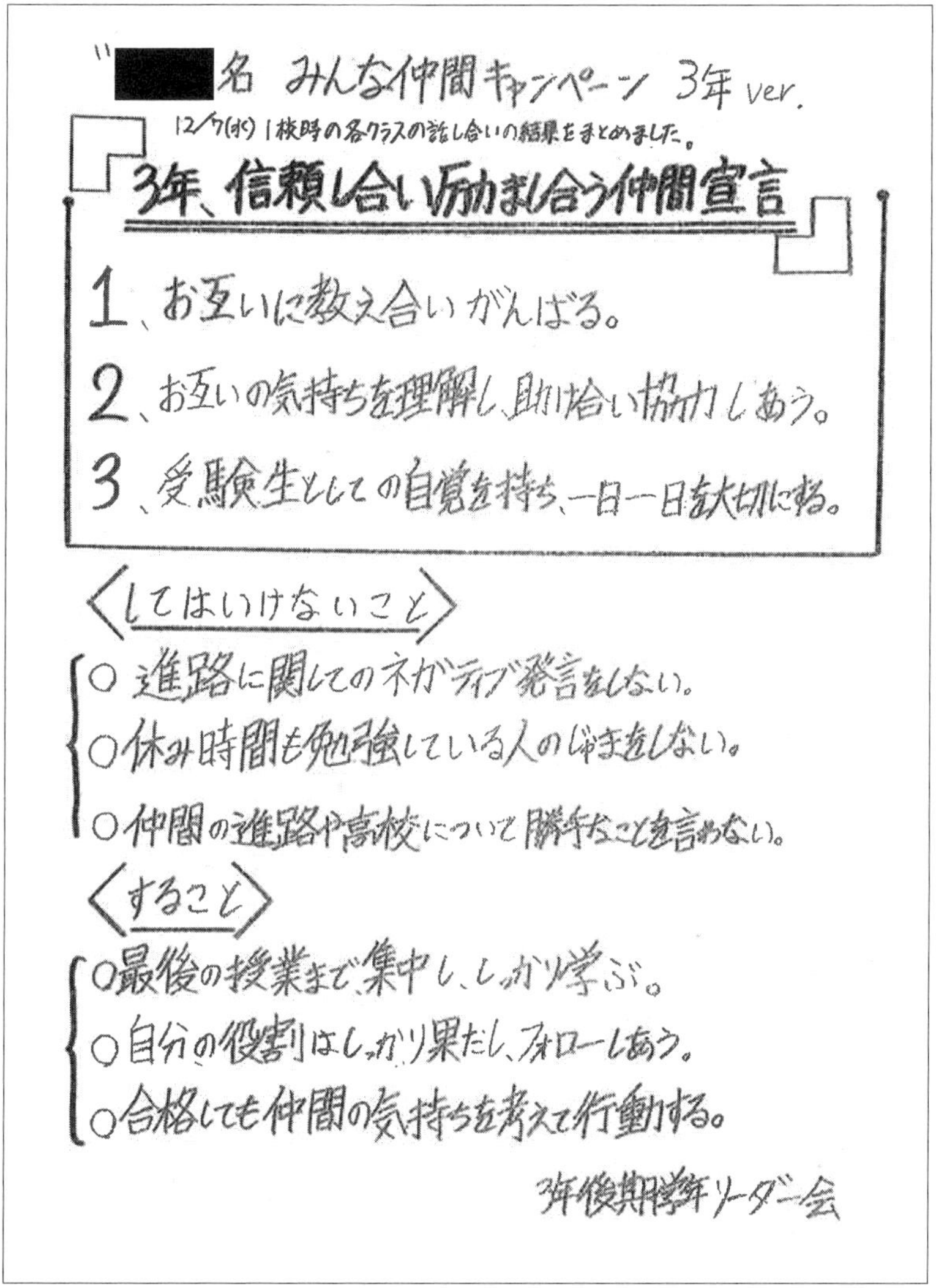

"[redacted]名 みんな仲間キャンペーン 3年 ver.

12/7(水) 1校時の各クラスの話し合いの結果をまとめました。

「3年、信頼し合い励まし合う仲間宣言」

1、お互いに教え合いがんばる。

2、お互いの気持ちを理解し、助け合い協力しあう。

3、受験生としての自覚を持ち、一日一日を大切にする。

〈してはいけないこと〉

○進路に関してのネガティブ発言をしない。

○休み時間も勉強している人のじゃまをしない。

○仲間の進路や高校について勝手なことを言わない。

〈すること〉

○最後の授業まで集中し、しっかり学ぶ。

○自分の役割はしっかり果たし、フォローしあう。

○合格しても仲間の気持ちを考えて行動する。

3年後期学年リーダー会

【資料2】○○○名みんな仲間キャンペーン（3年 Ver.）
「3年、信頼し合い励まし合う仲間宣言」

果てない空

No.28 3/6（月）号

見えないものは何もないってその確かな声が聞こえる
消えない思いがここにあるんだ　いつだってもう一度
立ち上がろう　力強く

※自分は2日間なので、1日だけなのか、まちがってないよね!?（笑）

私立入試（3/10.11）と公立前期入試（3/16.17）直前最終チェックして、準備万端!!

今週末3/10（金）の気温は、3/0℃、11（土）も入試のある人は2/0℃（低温）と予想されていることを知っている思います。つまり、**すんごい寒い!!**

ゆえに、寒さ対策が重要になります。

（私立）高校は、エアコンを利かせて、温かいと思われます。ただし、遠方まで行く人もいるので、防寒着、手袋、マフラー、持つカイロ（テスト中は不可）、貼るカイロなど準備した方がいいね。温かいと心がやわらいだりして余裕を持って受験できます。（※女子はセーラーの上にカーデガンを着用できません。中にセーターなどを着よう！　※各高校の文書をしっかり読んでおこう！）

（公立）高校は、エアコンを顔しかつけない所もあるので、まとテスト中は寒い!!　※防寒着を着たまま受験可能な学校もあります。高校の先生の指示や、受検票と同時に渡す説明文書を、熟読しておくこと！寒いと頭はさえますが、体がこわばります。防寒対策をしっかりやって下さい!!

ただし大事なのは、それでも間に合う時間に出ること！（大雪はめったにありませんが、備《そな》えあれば憂《うれ》いなし!!）

※自転車可の[redacted]高校、[redacted]高校に行く人は交通安全に充分注意して下さい！

[redacted]に住んでいる長男から、節分の豆まきの動画が送られてきました。それが傑作もの!! 長男が鬼の服で鬼の面をつけて家に入ってくると、3才の孫娘は（どう見てもパパなのに）本気でこわがって逃げ出す始末。「言うことをきかないやつはだれだぁ～く」と鬼が言うと「ごめんなしゃ～い！　もうしましぇ～ん!!」と、と涙声。でも手は豆を投げていました。バイバイしながら去っていく友好的な鬼に「バイバ～イ」と手を振り、出ていくと「あぁ～、こわかった…」と言い言。トラウマにならないことを祈ります。（笑）

（私立）高校は答案用紙や作文用紙（作文が試験にある学校）に受験番号だけ書く高校、氏名もあわせて書く学校などがあります。テストの度に何度も書くので忘れないこと。

（公立）高校は、答案用紙や作文用紙（作文が試験にある学校）にテストの度、受験番号しか書きません！　絶対に書き忘れないこと！

もしも、雪で電車が遅れたり、止まったりしたら…[redacted]

1. まず、公衆電話か、駅で電話を借りて、中学校へ連絡する。高校に連絡してあげます。（そのために受験番号を聞いています。）

2. 次に、生徒手帳を見せて駅員さんに「遅延《ちえん》届」を書いてもらいます。高校では、先生が連絡を聞いて待ってて下さいますから、それを見せれば、受験させてくれます。

～うら面につづく～

当日

（前日は、早く寝なさい。遅くても12時までには。眠れなくてもフトンに入りなさい。そして、朝早く起きて下しよう!!）

家を出る。 ⇐ 試験開始ではなく、集合時刻の20分前に着くように考えよう！　服装、髪型注意!!　忘れ物がないよう注意!!　朝ごはん食べて下さいね。

↓

高校に着いたら、まずひと安心。

↓

掲示板を見て、受験（検）番号を探し、自分の教室を見つける。 ⇐ わからなかったら、近くの高校の先生に聞きなさい。同じ学校を受ける友だちと一緒に行くのもいいね。

↓

教室へ行き、たぶん黒板に貼ってある座席表を見て自分の席を見つける。

↓

トイレに行く。 ⇐ 行きたくなくても、場所を確認しておく。

↓

席に着いて温かいお茶をひと口飲む。 ⇒ 合格祈願

↓

深呼吸して、参考書などを見て心をおちつける。

↓

テストが始まったら、深呼吸。 ⇐ 脳に酸素を送り活性化!!

↓

受験（検）番号書いてGo!! ⇐ 高校の試験監督の先生の指示をよ～く聞こう！

※私立高校受験の結果がわかったら、担任に知らせて下さいね！

※前回の学活で説明した「直前指導」の用紙もしっかり見直して下さい。

公立前期に関わる
（※今日と明日、前期試験の受検票と一緒に渡す茶封筒に入った説明書もしっかり読んで下さい。

人事を尽くして天命を待つ

やるだけやったら、自分を信じて、ど～んと構えよ！

（応援してるよ!!）

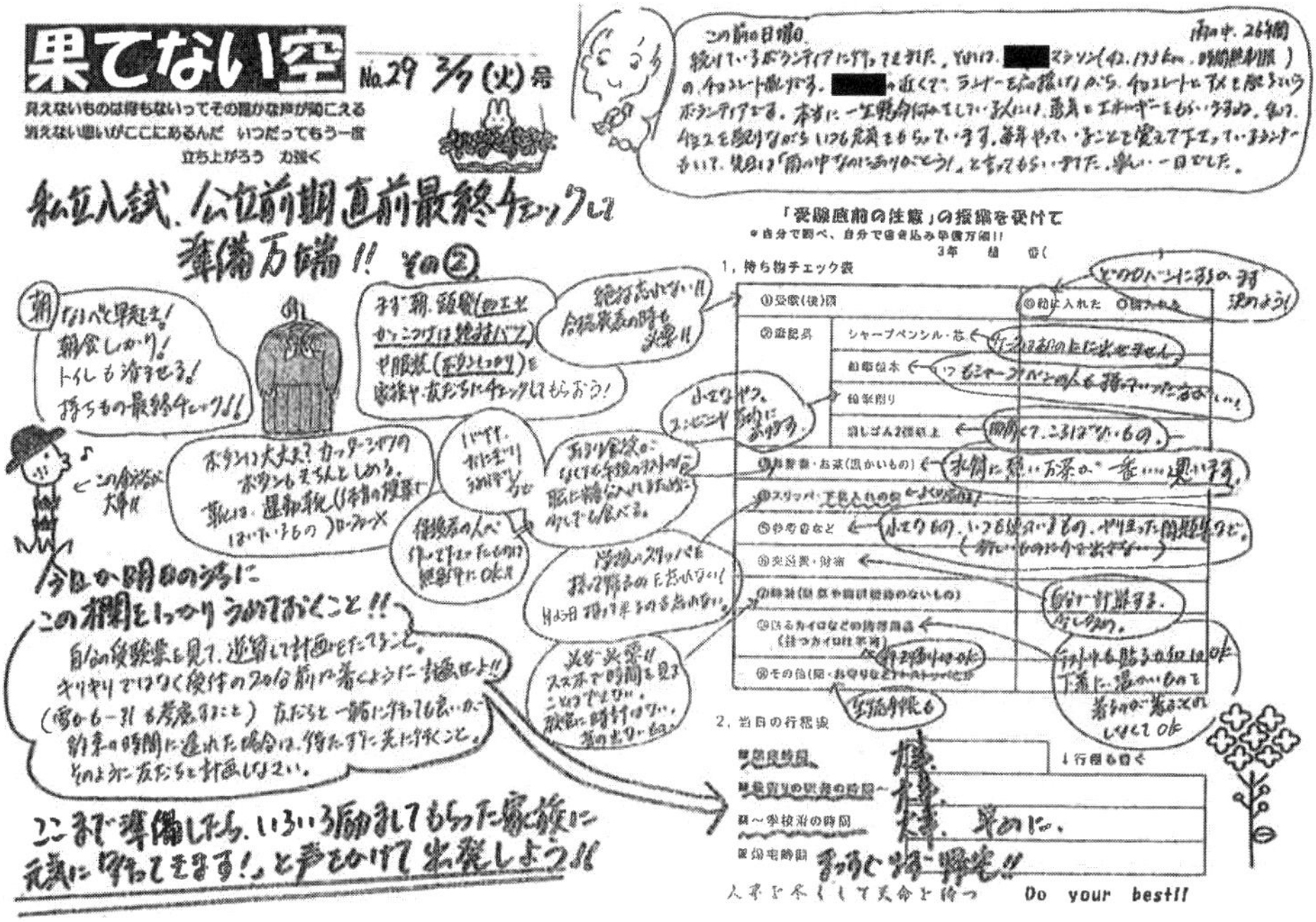

果てない空　No.29　3/7（火）号

見えないものは何もないってその確かな声が聞こえる
消えない想いがここにあるんだ　いつだってもう一度
立ち上がろう　力強く

この前の日曜日、　雨の中、26名
続けているボランティアに行ってきました。それは、[redacted]マラソン（42.195km、時間無制限）の、チョコレート配りです。[redacted]の近くで、ランナーを応援しながら、チョコレートやアメを配るというボランティアです。本当に一生懸命頑張っている人には、勇気とエネルギーをもらいますね。私も、（…）を配りながら、いつも元気をもらっています。毎年やっていることを覚えてくださっているランナーもいて、昨日は「雨の中なのにありがとう！」と言ってもらいました。楽しい一日でした。

私立入試、公立前期直前最終チェックして準備万端!!　その②

朝　なるべく早起き！　朝食しっかり！　トイレも済ませる！　持ちもの最終チェック!!

まず朝、頭髪（…）や服装（ボタンもしっかり）を家族や友だちにチェックしてもらおう！

絶対忘れない!!　合格発表の時も必要!!

ボタンは大丈夫？　カッターシャツのボタンもきちんとしめる。
靴は、運動靴（体育の授業で はいているもの）ローファー×

← この会話が大事!!

今日か明日のうちに　この欄をしっかりうめておくこと!!
自分の受験票を見て、逆算して計画をたてること。
ギリギリではなく集合時間の20分前に着くように計画せよ!!
（電車も一本も考慮すること）友だちと一緒に行っても良いが、約束の時間に遅れた場合は、待たずに先に行くこと。
そのように友だちと計画しなさい。

ここまで準備したら、いろいろ励ましてもらった家族に
「元気に行ってきます！」と声をかけて出発しよう!!

「受験直前の注意」の指導を受けて
＊自分で調べ、自分で書き込み準備万端!!
3年　組　番（

1，持ち物チェック表

①受験（検）票		◎鞄に入れた　○用意した
②筆記具	シャープペンシル・芯	
	鉛筆数本	
	鉛筆削り	
	消しゴム2個以上	
③昼食・お茶（温かいもの）		
④スリッパ・下靴入れの袋		
⑤参考書など		
⑥交通費・財布		
⑦時計（計算や時計機能のないもの）		
⑧貼るカイロなどの防寒用品（持つカイロは禁止）		
⑨その他（傘・お守りなど）		

2，当日の行程表

集合時間
最寄りの駅発の時間～
駅～学校着の時間
帰宅時間

↓行程も書く

人事を尽くして天命を待つ　　Do your best!!

【資料４・５】直前指導の学級通信

＊アナログな私ですが、さすがに学級通信はほとんどを、スケジュール表は100%パソコンで打っていました。けれど、この入試直前の通信は直書きしていました。そのほうがより気持ちが通じるかなと思ったからです。

【資料6】直前指導持ち物・時間チェック表

「受験直前の注意」の授業を受けて

＊自分で調べ、自分で書き込み準備万端!!

3年　　組　　番(　　　　　　　　)

1, 持ち物チェック表

①受験(検)票		◎鞄に入れた　○朝入れる
②筆記具	シャープペンシル・芯	
	鉛筆数本	
	鉛筆削り	
	消しゴム2個以上	
③お弁当・お茶(温かいもの)		
④スリッパ・下靴入れの袋		
⑤参考書など		
⑥交通費・財布		
⑦時計(計算や翻訳機能のないもの)		
⑧貼るカイロなどの防寒用品 （持つカイロは不可）		
⑨その他(薬・お守りなど)＊ストッパとか		

2, 当日の行程表

■起床時間	：　　↓行程も書く
■最寄りの駅発の時間～	
■～学校着の時間	
■帰宅時間	

人事を尽くして天命を待つ　　Do your best!!

卒業に向けて

教室の「励まし言葉日めくりカレンダー」がどんどん入れ替わって、すごい勢いで日々が過ぎていきます。音楽の時間の卒業式の歌の練習も感慨ひとしおですね。

さて、みんなは後輩達のためにたくさんの手本を残してくれました。体育大会の時のラジオ体操自主練、合唱コンクールの各クラスのすばらしい歌声と学年合唱、生徒がチューターになる自主ゼミ、「3年励まし合い相談し合う仲間宣言」など、数え切れないほどたくさんの財産を、この[redacted]中学校に残してくれようとしています。

さて、卒業式には「答辞」を3年の代表が作成し、全校生徒の前で読みます。後輩達へ、学校へ、保護者へ、そして私たちの[redacted]中学校へ、卒業に当たっての思いや未来への決意を表明します。その文章を作成するにあたり、みんなの思いを結集したいと思います。「答辞に入れてほしいこと」をアンケートに書いて下さい。このアンケートを熟読して答辞を作成します。3年全員の思いを反映できるよう、心を込めて書いて下さい。

一、学校の取組のこと（体育大会・合唱コンクール・スキー修学旅行など。当日だけでなくそれに向けての取組も含む）

二、部活動のこと

三、学習のこと

四、受験、進路、将来のこと

五、後輩達へ

六、先生へ

七、保護者へ

八、友達へ

九、[redacted]中学校へ

【資料7】答辞に入れたい言葉アンケート

卒業に向けての取組

卒業生として後輩たちに「贈る言葉」

※卒業を目前に控えた3年生の皆さん。経験した人にしかわからない貴重な意見を、後輩たちに"生きたアドバイス"として残してください。
皆さんが頑張ったこと、頑張れなかったこと全てが、後輩たちにとっては何物にも替えがたい宝物です。これから、最高学年となる新3年生へ、中堅学年となる新2年生へ、心を込めて先輩からの言葉を贈りましょう。

＊皆さんの言葉は、卒業式が終わってから春休みかけて先生がまとめます。新年度が始まったら、新3年生と新2年生が学活でその「贈る言葉」集を学習します。卒業生として後輩たちに残す大変貴重なものの一つになるでしょう。

3年　組　番（　　　　　）

1、自主活動面

①体育大会への取組で役割を決める時に気をつけたらいいことは何ですか。

②体育大会の取組でブロックリーダー会を企画・運営するとき、気をつけたらいいことは何ですか。＊ブロック長・副ブロック長会議（通称ＢＢ会）についてもアドバイスをお願いします。

③体育大会のブロック練習で、後輩たちを指導するときに気をつけたらいいことは何ですか。

④体育大会のブロック練習で、協力してくれない人がいたときはどうしたらいいですか。

⑤合唱の練習の時、音程がとれないときはどうしたらいいですか。

⑥合唱の練習の時、協力してくれなかったり邪魔をする人がいたらどうしたらいいですか。

⑦合唱ミーティングの時、どんな話し合いをしたらいいですか。

⑧すばらしい合唱を造るためには、何が大切ですか。

⑨学年合唱の取組はどのように進めたらいいですか。

⑩毎日の掃除や給食などの取組を順調に進めていくには、どんなことに気をつけたらいいですか。

⑪もしも、いじめがあったらどうしたらいいですか。

⑫リーダー会のメンバーとなったとき、どんなことに気をつけたらみんなを引っ張っていけますか。

⑬がんばっているリーダー会の人たちに協力するにはどうしたらいいですか。

2、部活面

①後輩を指導するとき、先輩としてどんなことに気をつけたらいいですか。

②部活のまとまりをよくするためにはどうしたらいいですか。

③部活の中でトラブルがあったときはどうしたらいいですか。

④スランプに陥（おちい）ったときはどうしたらいいですか。

⑤大会や発表会が目前に迫ってきたら、どんなことに気をつけたらいいですか。

3、学習面・進路

①授業を大切にするためには、どんなことに気をつけたらいいですか。

②授業が私語でうるさくなったら、どうしたらいいですか。

③授業でわからないことがあったら、どうしたらいいですか。

④家庭学習はどれくらいやったらいいですか。

⑤定期テストに向けての勉強はどれくらいやったらいいですか。

⑥（新3年生は）実力テストに向けての勉強はどのようにしたらいいですか。

4、進路

①進路はいつ頃決めたらいいですか。

②進路はどのように決めたらいいですか。

③オープンキャンパスや説明会は行った方がいいですか。

④受験を前にしてしんどいことが多くなると思いますが、クラスの雰囲気を良くするにはどんなことに気をつけたらいいですか。

⑤受験勉強は、いつ頃から始めたらいいですか。

⑥受験勉強はどんなものを使って、どんなことをしたらいいですか。

⑦受験当日はどんなことに気をつけたらいいですか。

5、その他

後輩たちへのアドバイスで言い足りなかったことを何でも書いてください。

たくさんのアドバイスをありがとう!! 必ず役立てます。

【資料８】後輩たちへ贈る言葉アンケート

卒業に向けて

保護者への一筆啓上

義務教育終了の中学校の卒業式は、責任ある大人への第一歩、今まで十五年間育ててくれた保護者の方々からの自立の第一歩です。この機会に、日頃は面と向かって言えないお父さんやお母さんや家族への感謝の思いやこれからの決意を、言葉で表現しましょう。名前は出しませんがみんなの言葉をまとめたものを保護者の方々へお渡しします。心を込めて書いてください。

例：三年前の卒業生の「一筆啓上」より

「父へ」
今まで逆らってばかりでごめん。でも、本心は感謝してるし。いつまでも元気でいてや。僕が稼げるようになるまで。親孝行できるようになるまで。頼むで。

「　　」へ　　（　）組（　）番（　　）

母へ
怒られたりしたとき、いつもつい言い返したり反抗したりしてごめんなさい。それでもちゃんとご飯作ってくれたり、塾の送り迎えをしてくれたり、面倒見てくれてありがとう。夜遅くまで仕事頑張ってくれてありがとう。家事もっと手伝うから、体に気を付けてね。立派な大人になります。

母へ
これからも手を貸してもらうことになりますが、僕が働いたら親孝行をいっぱいしますので、その時までよろしくお願いします。

父・母へ
十五年間、自分をここまで育ててくれてありがとう。これからは自分で責任を持って生きていかなければならないけど、まだまだ私には無理なこともあると思います。これからも、あたたかく見守っていて下さい。

【資料9】保護者への一筆啓上

第3章

「進路、そんなコト考えたことな〜い（笑）」という生徒へ

私は「学活」「道徳」「総合」の時間を担当し、計画的に実施日を決めたり、資料を学年に提供したりする役割を担っていました。

その中で、今回は第2章で述べたように、自らの進む道「進路」の学習を重要視していました。もちろん、高校入試のことだけではありません。まさしく「生きる力」の1つとしてという位置付けです。入試制度の学習は2年生で詳しく学習することになりますが、「どうして進路を考えるのか」とか「なぜ勉強しなければならないのか」といった意味を理解してもらいながら行う1年のときの根本的な学習の重要性を痛感しています。

時間はどんどん過ぎていきます。1年間なんてあっという間に終わってしまいます。生徒たちに後悔はさせたくないと、どの教師も思っているはず。もちろん、若い彼らには何度も立ち直る機会と時間が有り余るほどありますが、中学校の教師にとっては、たった3年間なのに、本当に大切な3年間でもあるのです。だから残念ながら焦ります。無益に時間を過ごしている生徒を見ていると、3年後入試直前に泣いている姿が浮かんできたりします。

そこで、私が作成した進路通信は「1年から進路を考えよう！」というタイトルです。その中から一部を紹介します。

１年から進路を考えよう！

はじめに

いよいよ新しい年、みんなは2年生に進級し、先輩と呼ばれる日も近づいてきました。三学期の進路学習後は高校進学について学ぶのですが、その前に、１年も終わりに近づいたみんなに、１年の先生たちから心を込めて訴えたいことがあります。

みんなはそれぞれの中学校生活10ヶ月を過ごしてきたので、学習に対する思いもいろいろだと思いますが、今現在、次のような思いを持っている人に、長く生きている分だけ先生たちからアドバイスをしたいと思います。

「勉強のしかたがわからない」と思っている人へ

〝学問に王道なし〟と言います。効果的な学習のしかた、手っ取り早く点を取れる方法…などというものは、自分で学習をやっていく中でしか身につきません。失敗し、やり直しながら学んでいく、それしか方法はありません。それが見つからないうちは、まず「テスト中の提出物をやりきること」です。テスト中に教科担当の先生方が出す提出物は、それ自体が多大なるヒントです。やっていく中で「自主学習ノート」にやっていくことを自分で見つけられるようになります。高校ではこんなヒントを出してはくれません。義務教育ではないので、みんな自分でやるべきことを見つけてやっていくのです。

そして、その下地となるものは日々の授業です。日々の授業を本気で真剣に受けてください。そこからどん欲に学び取ってください。授業第一！

「勉強をすることになんの意味があるの？」と思っている人へ

自分の将来を人生を大切にしてほしい。本当にそう思います。平均寿命が80歳を越えた現在、君たちはまだ13年ほどしか生きていません。これから先、長く楽しい人生が待っています。しかし、世の中には物事のまだわかっていない若者を狙っている悪い大人が残念ながらたくさんいるのです。また、大人になるまでに培ってきた知識や経験を使って、自分で解決しなければならないトラブルや問題が起こってくることもあります。

そんなときに役立つのが知識です。〝知は力〟なのです。学んだことから問題解決のスキルや、解決していく「勇気」を身につけていくのです。勇気は問題解決のパワーになります。勉強すること、学ぶことは、みんなの将来を守ってくれます。それを手に入れる大切な機会を無駄にするのはもったいない。「勉強する意味がわからない」と思いながらでも、時間はどんどん過ぎていきます。みんなはまだ1年生、今ならまだ間に合います。「勉強するのになんの意味があるの？」という問いに対する答えは、数学のようにはっきりしてはいませんが、悩みながら考えながら、それでも時間を大切にしてほしいと思います。

「自分の進路（職業）には、勉強は必要ない」と思っている人へ

確かに、進路は高校進学だけではありません。学力よりも必要なものがある進路（職業）もあるでしょ

う。しかし、果たして中学1年でこの疑問を持っている人の進路希望は１００％実現可能でしょうか。いざ、高校進学したいと思ったとき、もう既に大幅に時間が過ぎていて、とりかえしのつかないことになったりしないでしょうか。

人は変わるものです。新しいことに興味が湧いてきたり、やりたいことが見つかることがあるかもしれません。また、クラスの友達が高校受験に向けてがんばり出す雰囲気の中で、自分もチャレンジしてみたいと気持ちが変わるかもしれません。けれども、残念ながら過ぎてしまった時間は返ってきません。受験の直前からすごい勢いで追い込みをがんばって成果を上げる人もいますが、多くの人はもっと早くからやっておけばよかったなと後悔するものです。みんなにはそんな辛い思いをしてほしくありません。

勉強が必要のない職業はありません。みんなが大人になっていざ社会に出ようとしたとき、みんなを守って後押ししてくれるのは、それまでに学んだ力です。中学1年の今、こんなことを言われてもピンと来ない人もいると思いますが、どうか自分を大切にしてほしい。自分の将来を、未来を大切にしてほしいと、先生たちは心から思います。若い君たちは、今からなら何でも可能なのです。

「身近な職業を知る」レポートから見えてきたもの

・先輩から学ぶ
・働くことの意義を学ぶ
・いろいろな職業を学ぶ
・身近な職業調べから学ぶ

進路や職業に関する学習を終えて、みんなは身近な人にインタビューして、レポートを作成しました。インタビューを受けてくださった人生の先輩方は誰もが皆「働くことの意義」を考えながら、日々働いておられました。職業は様々で、いろいろな苦労や喜びが書かれていました。働くことで社会の一員として貢献するということは大変意義深い尊い行為だと思います。また、働いていれば悩んだり苦しいこともあるとは思いますが、働くことで得られる喜びもまた大きいと多くの方がお話ししてくださっていました。このインタビューを通して、実際に働いておられる方々から多くのことを学ぶことができたのではないかと思います。

みんなが作成したレポートの中に、「中学生へのアドバイス」の欄がありましたね。その中から少し紹介します。

・君たちは、これからどんな人にでもなれるんだから、今やるべきことをしっかりやって、未来の可能性を大きくしていってください。
・今はまだどんな職業に就きたいかわからなくてもいい。いろいろなことに興味を持って、いろいろなことを試して、自分が本当にやりたいことをゆっくり見つけていけばいいのです。
・どんな職業に就くかは、人との出逢いが大きく影響します。学校で、読書した本の中で、ネットや様々な情報の中で、いろいろな人の生き方に出逢い、自分の中に取り入れていってください。
・自分の就きたい職業は実力の世界なので、学力など関係ないと思っている人もいるかもしれません。実力で就きたい職業に就けたら、それは素晴らしいことです。しかし、中学校や高校で学ぶことは、どんな職業であれ、社会人として必要な力になります。特に中学校で学ぶことは、人生の長い期間に学ぶことの基礎になるものであり、また同時に学び方も学んでいるのです。この時期に学ぶことは将来絶対に役に立ちます。くれぐれもその大事な期間を無駄にしないよう、一日一日を大切にしていってほしいと、自分の反省も含め、おじさんはそう思います。

・社会に出るといろいろと困難にぶち当たることもあります。そんなとき頼りになるのが、学生のときに学んだことです。今はこんなこと何の役に立つの？ と思うこともあるかもしれませんが、若い時代に若い脳にどんどん新しいことを詰め込んでいってください。

彼ら1年生は、これらの学習を終え、２年で実際に社会に出て働く「職場体験学習」で活動します。これらの学習が、進路への前向きな姿勢に繋がり、社会に出ていく勇気を湧き起こす1つのアシストになってくれることを願ってやみません。

第4章

教師は他の何よりも「授業」で勝負！

これまで、担任としての仕事や進路学習のことを主に述べてきましたが、誤解のないよう、最後にしっかり押さえておきたいことがあります。

それは「教師は授業で勝負！」ということです。

中学校の教師は教科指導の他に担任としての業務、複数の校務分掌、部活動指導など、数多くの役割を分担して行っています。つまり1人何役も仕事があるということです。そのことで学校という組織は成り立っています。最近になって「働き方改革」によって、業務のスリム化が求められ、少しずつ学校行事を削ったり、部活動の外部コーチを増やしたり、部活動休止の曜日を作ったり、勤務時間調査をしながらなるべく早く退勤するよう取組がされています。

しかしどうしても譲れないもの、それが教科指導です。先にも述べた通り「教師は授業で勝負！」。授業準備のための時間は削るわけにはいきません。わかりやすい授業は、教師に最も求められている義務であり、究極の目標でもあります。列挙はしませんが、教師のどの業務より優先されるべき仕事だと私は信じています。全てがここに始まり、ここで終わるとさえ思います。これが充分できたら、他の仕事は自然とできるとさえ思うのです。

限られた時間で、自分が納得できる教科指導をするためのテクを、僭越ながら提示していきたいと思います（私は国語科の教師なので、他教科の先生方はご自分の教科にリプレースしてみてください）。

Vol 1　授業は短期・中期・長期も計画的に

まず「中学3年間で生徒にどんな力をつけたいのか」を教師は明確に持つ必要があります。それによって授業計画が決まるからです。私の場合は次の3つを目標に掲げていました。

①将来社会に出たときに、あらゆる情報の渦の中で、何が正しくて何が間違っているのかを見極められるような正しい判断力を身につけること
②その基礎となる読解力を身につけること
③そうして判断した自分の考えを表現する力をつけること

これらは、第2次世界大戦時に６００万人ものユダヤ人を虐殺したとされるナチスドイツの総統ヒトラーが、教育関係に命令した「子どもたちに与えてはいけないもの」であったと言われています。つまり、彼が最も恐れたものは、子どもたちが「判断力」や「読解力」や「表現力」を持つことだったのです。ゆえに、平和な社会、平和な世界の担い手となってほしい子どもたちの教育に携わる者は、その正反対を目指さなくてはなりません。ヒトラーの出したこの命令を逆手に取って、私は心の奥底に常に意識してきたように思います。

私は、今は亡き父親と戦争について話したことがあります。父は15歳で終戦を迎えました。それまでの

小・中の教育の中で「天皇陛下のためにお国のために、自らの命を捧げて戦うことこそ日本男児の本望」だと思い込み、特攻隊に志願し、15歳になったら駐屯所へ出発するつもりで手続きをしていたそうです。ところが1945年8月15日に戦争は終わりました。父の誕生日が8月31日で、まだ15歳に満たなかったために父は死なずに済みました。もしも戦争が続いていたら、私はこの世にいませんでした。私の子どもたちも孫たちも、この世に生まれてきてはいません。平和を語れる教師はどんどん少なくなっています。もちろん経験した人は既に現場にはいません。しかし、実際に戦争を経験した人から平和について学んできた教師はまだたくさんいます。しかし、その数はだんだん減っていくでしょう。新しく戦争や平和について学ぶことが、今までより寧ろこれから先に必要になってくると私は思います。

さて、中学3年間の自分なりの目標が確認できたら、次に1年でここまで、2年でここまで、卒業までにここまで…といった計画を立てます。3年間を見据え、計画的に取り組むことが大切です。教科書には3年間の教材が単元別に掲載されていますから、それを参考に作成します。

例えば「論説文の読解」に関して、次のように考えました。

1年　説明文を効果的に読解する攻略法を身につけ、攻略法を使って説明文の論旨を読み取る。

2年　クリティカルリーディング（批判的に読む）という方法を知り、それを使って説明文の論述の問題点を指摘しながら、小グループで発表し合う。

3年　論説文をクリティカルリーディングしてから、その理由と対案を作成し、小グループで意見を発表し合う。

次に、学期ごとの計画を立てます。立てた計画は、学期の最初の授業で生徒に提示します。国語科通信として、内容は「学習スケジュール」「定期テストの範囲」「学期の評価の付け方」の３点セットです。一学期はここまで、その内容を確認しながら二学期はここまでを獲得させよう…と、計画的に進めなければ、生徒の頭のニューロンは繋がっていかないと思います。「あぁ、これを勉強するために一学期あれを習ったんだな」とわかった時点で、生徒には生きた学びとして記憶されていくでしょう。そして、二学期の今勉強していることが三学期にはどんな学習に繋がっていくんだろう」と期待にも似た思いが浮かんでくるかもしれません。どんな生徒でも賢くなりたい、頭が良くなりたいと思っているはず。どんどん文章が読み取れるようになってくる実感は、次の学びへのエネルギーになることでしょう。

そこで、学びの効果を実感するためには、目に見える点数がやはり必要です。テストの得点は、がんばった生徒を励まし、もっとがんばろうという意欲を喚起します。また、残念ながら失敗した生徒にとっては、自分の足りなかったところを目の前に差し出され、具体的に振り返り、次は同じ失敗をしないぞと、やはり意欲を喚起されるものでなければなりません。そのために大切なのはテストの前後です。次のようなことを行います。

・授業との関係がはっきり理解できる範囲表を前もって（テストの２週間前には）出すこと。
・テスト範囲に基づいて、どのようなテスト勉強をすればいいのかを理解させる。最初に丁寧に教えておけば、2回目からは自分でできるようになります。

・テスト解説は「どういう間違いが多かったか」「どのような復習が不足していたのか」「次はどんなことに気を付ければいいのか」が生徒の胸にすとんと落ちるように、かつ簡潔にやる必要があります。

100点を取った生徒以外は誰でも、テスト解説は気が重いものです。ダラダラやっても生徒の耳に入りません。私は最初に「テスト解説は先生の採点間違いを見つけるためにやるのではありません（私、失敗しないので…〈笑〉）みんなが二度と同じ間違いをしないためにやるんです」と言います。テスト解説は、「答案のコピーにびっしり書き込んだもの」「これからの授業のスケジュール」「次のテスト範囲」「その学期の評価の付け方」をプリントしたもので、各自の答案を返却する前に配って、1つの授業として組み立てます。

生徒にとってやはりテストは大切なものだから、単なる解説ではなく1つの単元と同様に授業を受け取るよう指示します。160人近い生徒たちの答案を採点するのに、入力まで25時間かかります。採点ミスをしないよう最低3回は見直します。答案は生徒たちが一生懸命取り組んだ神聖なものだから、間違いはプロとして許されません。

Vol 2　1時間の授業で生徒の獲得目標を明らかにする

さて、中・長期的展望がはっきりしたら、後は1単元ごとの獲得目標ということになります。私は、単元ごとに単元構想略表を黒板の左端に常に掲示していました。そして、その時間の位置を赤い矢印の付いたマグネットで表しました。生徒は、それを見れば「今この単元のどこの位置で、今までどんな学習をしてきて、後どんな学習をするのか」が一目瞭然に理解できます。例えば、ヘルマン・ヘッセの小説『少年の日の思い出』なら、次のようになります。なお、略表中の「学び合い」とは4人の小グループ学習のこと。「共有課題」とは基礎・基本の課題、「ジャンプ課題」とは発展的な難易度の高い課題のことです。

小説『少年の日の思い出』（単元構想略表）

1. 語句の意味を予習←週末課題
2. CDを聴いて（第1の意味段落）登場人物と初発のイメージを考える
　＊額縁構成にしなかったのはなぜ…？（後ほど）
3. 形象読み→第1の意味段落（一部学び合い、共有＋ジャンプ）
4. 範読で（第2の意味段落）ストーリーの大枠を捉える（人物・エピソード）
5. 「挿絵から小説を読む」①（学び合い）

6. 行間読み↓第2の意味段落　Why?①・②（学び合い）
7. 「挿絵から小説を読む」②（学び合い、ジャンプ）
8. Why?③・④（学び合い）
9. チョウをつぶす場面を演劇で表現する（発展課題①　学び合い、ジャンプ）
10. 自己評価カードを書く
11. エーミールの視点からラストの場面をリライトする（発展課題②）
12. リライトを読み合う
13. 作者について、作者の別の作品について
14. 他の小説への影響？（参考プリント）
15. 表現技法の復習「伏線」とか
学習目標**「小説は、こう読めば楽しい！」**を知る！

＊黒板には横書きでコンパクトサイズに貼付します。

単元によっては、例えば漢字についての学習などは、次の学期にまたがる場合もあるので、一学期には「音読み・訓読み」を学習して、二学期には「漢字の成り立ち（六書）」を学習するんだなということがわかり、見通しを持つことができます（もちろんそれは、教師側が**Vol1**の作業を済ませているからです）。

次に、黒板の右端にも、常に掲示するものがあります。「今日のめあて（学習内容）」です。私は平均的な毎時間のルーティンを次のように実施しています。

・音読
・小プリント学習
・メインの学習
・１時間の振り返りと次時予告

私は毎時間最初に「音読」に取り組みます。内容は、百人一首、四字熟語、古文の冒頭、品詞名など、予習や復習とコラボさせて取り組むので、音読をしっかりがんばった生徒はテストに出る大事なことを音声で覚えてしまうことができます。楽しく、ほとんど苦労もなくです。授業者にとっても、授業のはじめに全員が声を合わせて活動するので、一体感が生まれて実に楽しいのです。私は「さあ、口動かして、歯を動かして、頭蓋骨動かして脳みそにぶち込もう！」とエールを送ります。「継続は力なり」で、やっているうちに、生徒たちは「労少なくして益多し（笑）」に気付くものです。

黒板の左右に常にこんなに掲示物を貼っていたら板書が十分できないじゃないかと思われる先生もおられると思いますが、**釈迦に説法シリーズ№１『学級開きの学活シナリオ』**で述べたように、コの字型の座席配置で授業を行う場合、黒板の端はもともと見えにくいのです。端の端まで板書してしまうと、生徒はノートを取るのに首を痛めます（笑）。そのため黒板の端は掲示物やルーティンの計画表でいいのです。

狭い場所の板書で済ますには、板書内容の精選、学習プリントの充実（私は生徒に国語科ファイルを持たせ、プリントを綴じさせましたが、普通のファイルはすぐにいっぱいになるので、生徒は学期ごとに中身を抜いて別保管するなど工夫をしていました）、ボードやフラッシュカードの工夫などが必要です。

次に、小プリント学習を短時間で行います。漢字の書き取りであったり、語句のクイズであったり、様々です。ネーミングは、アペリティフ・サプリメント・アラカルトなど、メイン学習の前にちょこっと力を付けようという意味ですが、これがなかなかに生徒受けがいいのです。

「教え合い可」としてあるので、楽しそうに教えたり教えられたりしています。コの字型で男女二人組の座席ですから、男子が女子に聞いて女子が優しく教えてあげるという、実にほほえましい様子が展開します。その後、当てまくりで解答をさっとやるだけですが、テストにばっちり出題するので、生徒たちは笑いながらも聞き逃してはならじと必死です。これをやることで知識が増えていく実感があって嬉しいからがんばれるのでしょう。

もともとこの小プリント学習に取り組もうと思ったのは、20年ほど前、校内暴力荒れ狂う学校に赴任したときでした。授業が始まっても何人かいない、飽きると途中で出て行ってしまう、教科書も持って来ない。そういう状況の中で、何とか国語の時間を位置付けたかったのです。「今日は国語の時間があって小プリントだけはやった！」と、そういう生徒たちに思ってほしかったからです。意義は変わりましたが、こうして最初の10分間は、いやが上にもクラス全員が授業の中に取り込まれていく状況を作ろうとしたわけです。授業の終わりのチャイムが鳴ったとき、「え～っ、もう終わり？」「何か早かったなぁ」という生徒の声が聞こえてきたら、教卓の陰で密かに小さくガッツポーズをしたものです（笑）。

私はアナログな人間なので、マグネットシートが裏に付いたフラッシュカードをよく使います。前述したカードを黒板の左右に貼付したり、様々な準備に少なくても3分はかかります。また、授業が始まるまでに生徒たち数名と世間話（？）もしたいので、必ず5分前にはその教室に行きます。授業が続いているときは、もちろん職員室には戻りません。全クラスの準備物が入っている手提げラックを持ち運びながら廊下をうろうろします。チャイムが鳴ったら即開始です。それでも毎時間もっと時間がほしいと思っていました。教師生活の後半になってようやくですけどね（笑）。


ここで、私は国語科の教師なので2点述べたいことがあります。

1つは、音読のときに1、2年で取り組んでいた「百人一首」についてです。私は1年で1番から50番、2年で51番から100番の百人一首を毎時間1首ずつ音読します。簡単に説明もしますが、主眼とするのは音声で百人一首の調べに親しむことです。1年間に5回定期テストがありますから、1回の定期テストに10首ずつ穴埋め問題を出題します。2年間で全て終了させる計画だからです。こうして学習すると、1年の二学期に古典を学習する頃には、歴史的仮名遣いを現代仮名遣いに直すことは、改めて時間を取らなくてもほぼできるようになります。3年になると三大和歌集の学習がありますが、もう前知識はいっぱい獲得済みということになります。だから私は、帯で時間を取って学習するということにこだわっているのです。これも3年間を見通しての計画的指導方法の一環と言えるでしょう。

もう1つは、日本文化の継承という国語教育の重要点が、最近軽視されがちだということに若干の危惧を抱いていることです。私は小学生の頃から国語が大好きで、新しい教科書を手にしたら、まず国語の教科書の物語などの文学作品を一気読みするのが常でした。そして、面白い物語や小説があると、早く習いたいとワクワクしたものです。教師になってからも、骨のある文学作品を教科書に見つけると、さてどう料理しようか…と別の立場でまたワクワクしたものです。

ところが昨今では、教科書の中にそれらの骨のある文学作品が極端に減ってきました。代わりに、「資料を見て意見をまとめる」「意見を発表する」など、「聞く」「話す」「書く」に関する教材が増えてきました。時代の流れとともに世界の潮流の中でも、コミュニケーション力やプレゼンテーション力が重要視されるのは既知のことであります。ただ、限られた時間の中で時間を取り合った結果、文学作品が劣勢にならざるを得なかったのでしょう。しかし残念です。私見ですが、山川方夫著『夏の葬列』、米倉斉加年著『おとなになれなかった弟たちに…』、横光利一著『蠅』は素晴らしかった。文学作品をじっくり読み込む時間が中学生にあってもいいのではないか、いや絶対必要ではないかと思ったりするのです。昔と違って現在は、国語の教師の読み取った感想を押しつけたりしません。小グループで、作品に描かれたテーマについて意見を発表し合いながら深めていくのです。文学作品こそ国語科の真骨頂とさえ思います。この文学作品軽視の風潮がさらに進んで、古典の世界まで浸食し、『枕草子』って誰の名前?『源氏物語』って平家と戦って勝ったヤツ?…ってなことにならないことを祈ります（笑えない…）。

Vol3　授業が終われば、明日の授業のシミュレーションをする

人から「先生はベテランで、何度も同じ教材を教えているのだから、教材研究なんてしなくても教壇に立てるでしょう」と言われたことがあります。まさか！　そんなの無理です。自分自身がそう思った時期もありましたが、教師生活の後半は、憑き物が落ちたように、そんな根拠のない幻想には惑わされなくなりました。定年退職するその年まで、山ほど教材研究の時間を取りました。そうしなければ不安で授業などできません。教師は、教材研究を自信が持てるまでやりきって教壇に立っています。そうして初めて生徒の前に立てるのです。

その日の授業が終わったら、次の時間の作戦を立てます。クラスによって微妙に進度が異なっているはずですから、次の授業のスタートでもたつかないように進度のメモをします。私は大体、毎時間生徒全員に挙手か発言で声を出させるようにしていた（音読以外で）ので、当てきれなかった生徒をチェックします。最近は不登校の生徒や欠席する生徒も毎日何人かいますから、その生徒たちに授業で使ったプリントがきちんと渡るよう配慮します。また、特にがんばった生徒にはその日のうちか次の時間までに声をかけたいのでメモをします。

そして、最後に次の日の各クラスの授業の進め方をシミュレーションするのです。そのときに留意するのが、「どこにクライマックスを持ってくるか」です。単調な授業は、授業者も退屈です。授業者がまずい、い、い、乗らなくてはなりません。それが決まるとワクワクして授業に向かえます。まず先生が授業を楽しめな

くっちゃ…ね。そんなことをいっぱい書くから、私の週案は、色ペンとマーカーとフセンでごちゃごちゃと汚なかったなぁ（笑）。よく管理職の人は怒らずに我慢してくださったと、今更ながら感謝しています。

教材は変わらなくても変わるものがあります。

まず「生徒」が変わる。例えば、10年前の生徒と今の生徒は違います。1組の生徒と2組の生徒は違います。昨日の生徒と今日の生徒も違うのです。

次に「社会」が変わる。社会情勢の変化にともなって、教材のバックグラウンドが変化します。その教材を使って生徒に付けさせたい力の中身そのものが変化する場合があります。

さらに、「教材の捉え方」そのものが変化します。同じ教材でも、教師自身の読み取りが異なってくるのです。昔は気付かなかったことが見えてくることがあります。昔と正反対の価値を持つ教材も、なきにしもあらずなのです。もちろん普遍的な価値を持ち続ける教材もありますが、対処の仕方、切り口は時代とともに変えていかなくてはなりません。

そうです。変わるのではなく「変えていく」必要があるのです。マンネリズムこそ教師の大敵！前と同じやり方でいいやと思った途端、その教材は色あせたものになるのです。

私は定年退職の3年ほど前に、自分自身に愕然としたことがあります。大体持ち上がりで1年2年3年と担当学年が上がっていくので、同じ教材を教えるのは3年ごとになります。ある教材の準備をしようとして、3年前の自分のファイルやデータを見直しました。すると、何ということでしょう（言ってる場合ではない）。3年前のほうががんばって教材研究していたことに気付いたのです。進歩していなかった、寧ろ後退していたのです。私は心底驚きました。３年ごとに授業をリニューアルし、常に前進していると思い込んでいたからです。まさか、定年を３年後に控えて、こんな情けない思いをするとは思ってもみませんでした。さぁ、どうしたか。それは次のＶｏｌ４で。

Ｖｏｌ４　新しい情報、新しい授業方法に敏感になる

定年直前に落ち込む私を救ったもの、それが「主体的・対話的で深い学び」の新しい授業方法の実践でした。小グループ（４人ひと組）での学習を中心にした互いに意見を出し合い教え合う中で学んでいく学習方法です。私の勤務校では「学び合い」と言っていました。４人だと寝る生徒はいません。わからなければ、すぐ隣の生徒に聞けます。男女が市松模様に並んでいるので、男女が仲良く、少々の緊張感を持ちながら学習を進めることができます。取り組み始めた頃は疑心暗鬼で、国語科にはそぐわないと思ったこともありましたが、２年経ち3年経って、ようやく実感したことがあります。

それは、「生徒は活動したがっている、互いの意見を聞きたいし言いたいのだ」という至極当然の定説の再認識でした。私はもともと「先生のありがたいお話」的な授業はとうにしていませんでした。「授業は生徒が活動してなんぼ！（活動してこそ意味があるという意味の関西的表現〈笑〉）」とは思っていました。しかし、学力にかかわらず、どんな生徒でも友達の考えを聞きたいのだと実感したときは、目から鱗

ならぬコンタクトレンズが落ちるような思いがしました。
例えば、先ほど「単元構想略表」を提示した『少年の日の思い出』の授業の中で4つのｗｈｙ?を学び合いで考えました。「エーミールの言う『そんなやつ』とはどんなやつか?」「主人公はなぜチョウを粉々に潰してしまったのか?」などです。生徒は嬉々として自分の考えを述べ、「そんな考え方もあるのか…」と友達の意見に耳を傾けていたのです。そこには、指導書にあるような通り一遍の「先生はそういってほしいのね」的なつまらない意見交換を超えた「主体的・対話的な深い学び」がありました。その新しい授業方法によって、私は救われたのです。私は今までのマンネリズムから脱却して、いそいそと新しい授業を組み立て始めました。そうして定年間近にまた一歩前進できたのではないかと自分なりに評価しています。
私は生徒たちによく言いました。「先生は齢取ってるけど頭は柔らかいよ! 新しいことはいいと思ったらどんどん取り入れるからね~!」と。なのに、いまだにａｕＷＡＬＬＥＴとＩＣＯＣＡしかキャッシュレス決済ができないのはなぜ?(笑)
蛇足ですが、「主体的・対話的で深い学び」に関してもう一言。前述のような授業を展開しようとすれば、小グループ(4人ひと組)がクラスに9組も10組もあるような人数では多すぎると思います。まず、適度な距離を空けて机を並べることができません。発表するにも1時間では終わりません。欧米の少人数でのアクティブラーニングを取り入れるなら、ソフトだけでなくハードも取り入れてほしいと思います。ひとクラスの人数を減らし、教師を増やしてください。そうすれば人件費は増大しますが、教師の定員が増えます。少子化で教室は余ってます。学生諸君！　教師を目指せ！

Ｖｏｌ５　定期テストの難易度をどう考えるか？

私の定期テスト問題は、１００問を優に超えるもので、テスト問題は№６～８という、はなはだ生徒たち泣かせの難物であったと思います。なぜそうしたかは最後に述べますが、問題を作成するときに留意したことは、「低学力の生徒でも太刀打ちでき、高学力の生徒でも一筋縄ではいかない」問題という点です。最後の１つ前の問題は、授業では扱わず週末課題（いわゆる宿題）でのみ事前にプリント学習した問題からの応用問題（長文読解）を出題します。週末課題をしっかりやっておけば解けます（だから週末課題をしっかりやる）。授業で学習しない長文にも物怖じしなくなるよう、あえて入れてあります。

そして一番最後の問題は、初めて見るグラフや図をもとにした長文や新聞記事などを読んで、指示に従って１００字程度の作文を書きます。生徒たちは最後の１分までテストと格闘することになります。高校入試の傾向も考えながら、作文への拒否感を１年から少しずつ払拭していくことを目標にしています。合わせて論理的な文章を書く方法も学ばせているつもりです。将来絶対必要ですから（ただし、作文の採点はものすごく大変）。そして、「入試は簡単だった！　先生の作った問題のほうが難しかった！」…これ理想。

第5章

付録　「芹沢マリリンの座右の銘集」

教師になって1年目から、あらゆる指導書や教育関連書物に目を通すことを心がけてきました。その中で、なるほどと思ったり心に響いた言葉を座右の銘として書き留めてきました。そして、何かにつまずいたときや、心機一転したい節目のときに読み返していました。出典はもはや不明（その節はありがとうございました）ですが、30年以上私を励まし続けた言葉の数々を紹介したいと思います。

その一「読むとは」

・読むとは、行間を思想で埋めることである。
・読むとは、喜んで本を手にすることである。
・読むとは、一字一字が読み手の心の中に消え去っていくことである。
・読むとは、自分の経験を想い出して、それと新しい内容とを照合させることである。
・読むとは、文字によって自己の行動に変化を与えることである。
・読むとは、作者の意見を批判することである。

その二「文章を書くのが苦手な人は」

・自分で題材を見つけられない（主題設定ができない）。
・文章の組み立て方がわかっていない（構成力に欠けている）。
・適材適所の言葉を選んで使えない（使用語彙が限られている）。
・長文を書くことに抵抗感を抱いている（長文執筆に自信がない）。

・面白いという文章に出会った経験があまりない（読書好きではない）。
・文章を書く楽しさを味わったことがない（自分の文章を高く評価されたことがない）。
…つまり、作文を書かせるには、この逆を目指せばいい。

その三「人を惹き付ける話し方をするには」

・「話にどれだけ意味があるか」が大事（「意味の含有率」が高いかどうかにかかっている）。
・「ライブ感」が大事（その場の空気を感知して聞き手の反応をよく読んで話す）。
・「ネタの豊富さ」が大事。（その場で、聞き手に最もふさわしいテーマや具体的なエピソードを話すには、ネタを多く持っていなければならない）
・「身体性」が大事（聞き手に対する声の張り、トーン、身体全体の動きで「自分はこんな人間だ」ということをわかってもらうこと）。
…常に聞き手と対話する気持ちで、双方向の空気を作るように話す。

その四「伝え合う力を高めるには」

・発表する子どもが少ないのは、間違いを恐れるからだ。
・他者と違うことを怖がり、人と合わせないと安心できない子どもがとても多い。
・子どもの「言いたい」「聞いてほしい」という思いと繋がらなければ、表現力など身につかない。
・そのためには、多様な子どもの発想を丁寧にすくい上げ、たとえ間違いでも、それによって学びが豊かになるという実感を持たせる授業が必要だ。
・何を言ってもいい、という安心感が表現力を育ててくれる。
・子どもの話をちゃんと受け止めないで「表現力を付けろ」などと力んでみても始まらない。
・ひたすら空気を読もうとする子どもたちには、教室で手を挙げること自体に大きなプレッシャーがのしかかってくる。
・子どもが思いを安心して語れる「場」と、ちゃんと聞いてもらえる「相手」が必要だ。

その五「課題探求能力を育てるための評価の三観点」

①「課題設定」…明確な課題
・問題の所在が明らかであるか
・解明すべき目的が明らかであるか
・探求の方法が明らかであるか
②「取材」…確かな事実
・発信源が明らかであるか
・事実の量と質が適切であるか
・示し方が適切であるか
③「構想」…明確な立場・意見
・異聞の考えを簡潔に説明できるか

・考えの筋道がしっかりしているか
・異なる立場や意見を心得ているか

④「記述」…適切な説明
・根拠となる事実、事実と意見を結ぶ説明が明示されているか
・文章構成はわかりやすいか
・インパクトのある言語表現を用いているか

⑤「推敲」…問題点の検討と吟味
・事実やデータの確かさがわかるか
・筋が通っているかどうかがわかるか
・叙述や表現の良さがわかるか

⑥「交流」…豊かな想像と新たな発見
・交流を通して具体的で豊かな内容を想像しようとしているか
・交流を通して新たな事実や論理を発見しようとしているか
・交流を通して新しい価値や認識を構築しようとしているか

その六「確かな学力向上のためのアピール」
・基礎・基本や自ら学び考える力の育成
・生徒の個性に応じる発展的な学習

・学ぶ楽しさの実感や学習意欲の喚起
・補充的な学習や学ぶ習慣の育成

その七「自己評価能力とは何か」

・生徒が学習に対する意欲・関心を持ち、積極的に取り組む。
・生徒が自らの学習の実態を喚起してその達成度を理解する。
・生徒が自らの学習の不足点を補ったり、さらに深化・発展させる手順を考える。

その八「宿題を出す上で大切なこと四箇条」

・宿題の目的、方法を明確にする。
・出題と提出のタイミングを考える。
・授業との繋がりを意識させる。
・評価のタイミングを逃さない。

その九「魅力的な授業とは」

「魅力」とは、それと接する人の心や気持ちを強く捉え、ついにとりこにさせるような素晴らしさ。
・よくわかる
・自分に、できたという成就感が得られる。

・学習の分量、内容の程度が自分に合っている。
・学習の内容が自分の興味や関心に合致しており、主体的に関心が持てる。
・生徒同士が助け合い励まし合って、協働で学習を展開したという実感がある。
・自主的で自発的な活動が織り込まれていて、自分の力で学習を進めたという実感が持てる。
・教師の励ましや助言があり、教師に認められているという実感が持てる。

その十「『わかる』『できる』の基本条件」
・授業の狙いが明確に設定され、その狙いが生徒にも意識されている。
・目標・活動・評価の筋道が一貫しており、効果的に時間配分がなされている。
・指導する内容が、生徒の発達段階、興味関心に合致している。
・多様な授業展開である。
・発問と板書が効果的である。
・日常の学習活動を通し、教師と生徒、生徒相互の人間関係が作られる。
・自己評価を重視する。

その十一「魅力ある授業作りのポイント」
・目標設定と計画の策定
・指導の展開

・実践状況の評価
・評価結果を活かした改善

おわりに

こんなことをやっていて、よく「仕事以外の趣味を持て」とか「ONとOFFを切り替えろ」とか言えるよなぁ、ONばっかりじゃん！…と思われる方もおられるでしょうね。確かに、私自身も現役でやっていたときは寝る間も惜しんで仕事をしていました。でも、1日ずっとじゃありません。毎日じゃありません。1年中じゃありません。それでは病気になってしまいます。1日のうちのどこかの時間に、1週間のうちのどこかの時間に、1年のうちのどこかの時間に、思いっきり自分を大切にする、やりたいことをする時間を持っていました。

私のサボり方は（言い方悪いね〈笑〉）は、こうです。まず、1日のうちで一番テンションが低い朝は、通勤の車の中で大音量で大好きな「嵐」の歌を聴いていました。2曲も聴けば目はパッチリ、頭スッキリ（何かのサプリの名文句みたい）、その勢いで職場に到着です。職員室の机の上には嵐の写真、本棚の隙間には嵐のうちわ（笑）。私はファンクラブに入っているので、毎年嵐から年賀状も届くし、バースデーカードも届きます。それらを目に見えるところに置いて、たまに職員室に戻ってきたときにチラチラ見て元気をチャージしていました。だから、嵐の活動休止のニュースが流れたとき、職場の人が気を遣って励ましてくれたほどです（ここは笑えない）。

家に仕事を持って帰るのはほぼ毎日でしたが、BSの欧米のサスペンスドラマや中国の歴史ドラマには、まり、家のテレビからは英語や中国語ばかりが流れる日々でした（このあたりのことは、私の第1作『**おばさんの海外旅行「あるある!?」エピソード集～ハプニングこそ醍醐味～**』の中で少し触れてあります。さりげなく宣伝）。

さらに、長期休暇の際には、出かけました。いそいそと教師とは別の顔をして海外へ。もちろんその時間を作るために、別の時間にそれはそれは計画的に仕事を集中してやりこなしました（自画自賛）。まさしくONとOFFの切り替え、日常と非日常の切り替えです（その海外旅行についてのエッセイ集が前述の第1作となりました）。そうして、私は心身のバランスを知らず知らずのうちに保っていたのかもしれません。誰かも言っていました。人生にエンターテインメントは必要なのです。

ここまで読んでくださった方は、何だか本論はすごく真面目なのに、「はじめに」と「おわりに」はチャラいなぁ…と思われたかもしれませんね（笑）。ありがとう、そこが狙い目です。読んでいて堅苦しくなく、難しくなく、でもわかりやすく、すぐに役に立つ…そういう本になっていたらいいなぁと思います。

私には息子が1人と娘が1人います。つまり私も保護者の立場のときがありました。その中で、先生にクレームを付けた経験があります。そのことを最後に述べたいと思います。

まず、娘が高校生の頃のことです。ある日娘が先生から「読書感想文なんて書くのは面倒くさいなあ、そんなしんどいものを夏休みの宿題にするのは教師としても辛い」と言われたそうで、「私は読書感想文を書くのが好きなのに、それを否定された」と言って泣くのです。私は驚きました。なんてことを言うんだと怒り心頭でした。国語の教師にあるまじき暴言だと思いました。生徒の中には確かに読書感想文を書くのが苦手な人も多いでしょう。ただ、そういう生徒に共感しているふりをして、こともあろうに国語の教師がそんな非教育的なことを言っていいものでしょうか。きっと深い意味もなく軽い言葉の成り行きでそう言われただけだと思いますが、娘の心を深く傷付けたことは否めません。

母親が国語の教師だということもあると思いますが、娘は中3のときに毎日新聞社主催の読書感想文コンクールで全国レベルの賞を頂いたことがあり、読書感想文に並々ならぬ思いを持っていたこともあってショックだったのでしょう。

そこで彼女の保護者の私がしたことは、その国語の先生にお話をさせてもらったのです。三度目の電話でやっと電話口に出てくださいました。私がその先生に話させてもらったことは、生徒のやる気を削ぐような言い方はやめていただきたいということ。同じ国語の教師として、読書感想文に関するその言い方はおかしいということの2点です。読書感想文を書くことは確かにしんどいことではあるけれども、読書感想文を書くことで読みが深まり、新しい読書の楽しさを知って世界が広がるとポジティブに教えるべきではないかという旨を話したように思います。あぁ、今から思えば、娘には申し訳ない気持ちでいっぱいです。なぜならこれは保護者としてではなく、教師としてしゃべってますね（笑）。その後も、娘は国語を嫌いにはならなかったようなのでホッと胸を撫で下ろしていました。

次に息子が小学1年生だったときのことです。おとなしくてやられてもやり返せない息子がいじめに遭い、自分の前髪を抜くという行為に出たことがありました。母親である私が気付かず、同じクラスの女の子から聞いてわかったような次第です。その頃、仕事が忙しいことを言い訳にして、全く子どもを見ていない母親だったことに気付いて大きなショックを受けました。思えば、赤白帽を何度もなくしていたり、集団登校のときに一番後ろをとぼとぼ歩いていたりと、サインはたくさんあったのに気付かないふりをしていたのかもしれません。出勤中、バックミラーに映る辛そうな息子の姿を何度も見ていたはずのに、「お母さんはあなたが学校に元気で行ってくれるから働ける」などと言っていたような気がします。情けない限りです。

担任の先生に相談しました。新採の若い女性の先生でしたが、一生懸命私の話に耳を傾け、子どもからも話を聞いてくれました。同業の年上の保護者である私は、さぞ扱いづらかったことと思います。子どもにも言いました。「今まで助けてあげられなくて本当にごめんなさい。お母さんが悪かった。いじめられるなら学校なんか行かなくていい。勉強はお母さんが教えてあげる」と。

そして、私は再度、担任の先生に相談し、こう要望しました。「子どもたちに話をさせてください。もちろん教師としてではなく、○○ちゃんちのおばちゃんとして話させてください。子どもが悲しい思いをしていること、みんなと仲良くしたいと思っていること、仲良くしてやってほしいと親としてお願いしたいと伝えたいのです」と。今なら困るでしょうね。「学年主任と相談します」とか「直に生徒の前で訴えるのはどうかと思います」とか、きっと言われるでしょうね。でも、その担任の先生は「わかりました。いつでもいいので話してください。私も、もう一度子どもたちに話してみます」と言ってくださいました。息子はその後「先生も助けてくれるから、もう少しがんばってみる」と言って、結局学校を休むことはありませんでした。

そのときの先生は、いまやバリバリのベテラン教師になって元気にがんばっておられます。数年前偶然お会いしたときに、息子のことを覚えてくださっていて感激しました。

教師は本当に素晴らしい仕事です。

教師を目指す若い学生のみなさん、教師になったばかりの初心者のみなさん、中堅ベテランとなって意気揚々と、でも少し疲れが出てきたと感じているみなさん、日々教育現場で、誠心誠意がんばっておられるみなさんを、私は誇りに思います。生徒の立場になって考え、保護者の立場になって考え、自分のビジョンを明確に持っていれば、必ず成果が出ると私は信じています。

新採の頃、私を困らせてばかりいた生徒（本人はそう言っていましたが、私にとっては元気な少年の印象です）が、38年後、私の定年退職を知って、大きな花束を持って会いに来てくれました。もういいおっちゃんです。十数年ほど前の荒れ狂う学校で、私を蹴ったことのある生徒が、立派な社会人となって会いに来てくれたりもしました。

成果はすぐには形にならなくても、数年後、十数年後、1人の人間の生き方を変えるパワーになることもあります。私はそう信じています。どうか先生方、体調に気を付けて、自分の生活も大切にしてがんばってください。この本が、その手助けに少しでもなれば、こんなに嬉しいことはありません。

追伸

私の第2作目も世に出してくださった大杉剛様、担当の藤森功一様はじめ風詠社の皆様に心から感謝申し上げます。ありがとうございました。

芹沢 マリリン（せりざわ まりりん）

1958年真夏、四国で生まれる。京都の公立中学校で38年と4ヶ月国語科の教師として勤務。2019年3月定年退職し、現在に至る。
著書 『おばさんの海外旅行「あるある!?」エピソード集～ハプニングこそ醍醐味～』（風詠社）。

（若い）先生たちへの応援BOOK　釈迦に説法シリーズ№1～9

2020年6月27日　第1刷発行

著　者　芹沢マリリン
発行人　大杉　剛
発行所　株式会社 風詠社
〒553-0001　大阪市福島区海老江5-2-2
大拓ビル5 - 7階
℡ 06（6136）8657　https://fueisha.com/
発売元　株式会社 星雲社
（共同出版社・流通責任出版社）
〒112-0005　東京都文京区水道1-3-30
℡ 03（3868）3275
装幀　2DAY
印刷・製本　シナノ印刷株式会社

ISBN978-4-434-27651-4 C2037